UN LONG SAMEDI

George Steiner *avec* Laure Adler

漫长的
星期六

斯坦纳谈话录

[美]乔治·斯坦纳 [法]洛尔·阿德勒 著

秦三澍 王子童 译

·桂林·

MANCHANG DE XINGQILIU：SITANNA TANHUALU

漫长的星期六：斯坦纳谈话录

UN LONG SAMEDI
ENTRETIENS
Copyright © Flammarion, Paris, 2014
著作权合同登记号桂图登字：20-2018-080 号

图书在版编目（CIP）数据

漫长的星期六：斯坦纳谈话录 /（美）乔治·斯坦纳，
（法）洛尔·阿德勒著；秦三澍，王子童译. 一桂林：广
西师范大学出版社，2020.9
ISBN 978-7-5598-2973-3

Ⅰ. ①漫… Ⅱ. ①乔… ②洛… ③秦… ④王… Ⅲ.
①乔治·斯坦纳－访问记 Ⅳ. ①K837.125.6

中国版本图书馆 CIP 数据核字（2020）第 109172 号

广西师范大学出版社出版发行

（广西桂林市五里店路 9 号　邮政编码：541004　）
网址：http://www.bbtpress.com
出版人：黄轩庄
全国新华书店经销
广西民族印刷包装集团有限公司印刷
（南宁市高新区高新三路 1 号　邮政编码：530007）
开本：787 mm × 1 092 mm　1/32
印张：5.625　　字数：85 千字
2020 年 9 月第 1 版　　2020 年 9 月第 1 次印刷
定价：49.00 元

如发现印装质量问题，影响阅读，请与出版社发行部门联系调换。

Table

目录

本书内容源于 2002—2014 年间法国文化电台主

持的数次访谈，并经两位作者修订和重新编排

十几年前的一次学术会议上，我和乔治·斯坦纳初次相见。那是欧洲议会选举的前夕，当时中欧地区的知识分子还有被邀请的机会，大家还能听到他们的意见……现场座无虚席，一天即将结束时，到了观众们自由提问的时间。斯坦纳的发言主要涉及了民粹主义抬头的趋势，无论在历史层面还是在哲学层面都可谓振聋发聩。有位先生提出了一个艰涩的问题，与其说在期待演讲者的答案，不如说是在炫耀自己的知识。对此，斯坦纳毫不留情地指出了。我暗想，这位大知识分子（他的著作我读过几本）真是个难搞的角色。

我的想法没错。两年后我在巴黎高师的一场研讨会上再次见到他。当时世界各地研究《安提戈涅》的最著名的专家云集于此，交换彼此的心得。与其他学者不同的是，在研讨会正式开幕之前，他没有加入人群。他很低调，状态紧绷着，似乎沉迷于一种内在的冥想。他就像一位19世纪的浪漫主义者，时时准备着在一个寒冷的早晨，拔剑投入一场决斗，因为深知自己的生命正受到威胁。

大概就是这种感觉。他一旦开口说话，就进入了状态。他那永远具有冒险精神的思想徐徐展开，与其清晰的表达保持着同步。即使他百科全书式的学识横贯了多种语言和多门学科，斯坦纳仍喜欢狩猎的感觉。他深藏于灌木丛，就像在偷猎。他讨厌踪迹清晰的道路，更喜欢迷路，哪怕要冒着沿原路折返的风险。简言之，他试图让自己时时处于惊愕中。

这项思想练习并不简单，因为他从不相信知识的积淀能成为一种伪装手段，帮他组装出一席谈话所需的内容，那样的谈话充其量是在假装陈述一套理论。

其原因在于，想要思考就必须使用语言。然而，斯坦纳数十年如一日地分析着语言的陷阱、诡计、困境和那些根基性的疑点。作为海德格尔的仰慕者和读者，他的心智劳作始终针对着我们有限性中确切的那部分，并致力于一项令人沮丧的尝试：他希望能让诗歌话语和语言起源时的状态彼此契合。

我们很早就发现，斯坦纳所熟悉的不同的思想练习中都有很强的技术性。但这并不重要，因为这不是他真正在乎的事情。跟他交谈，我们不会觉得必须抵达某一个终点，不会觉得澄清一个问题就能获得某种慰藉。相反，"追寻"本身就是生命之盐。这项操练越是棘手，就越能激发起他的兴奋。

他时刻处于戒备状态。他乐于逗人发笑又热衷于嘲

讽，对他自己和他的同代人均显露出锋芒；他既严肃又狂
喜，清醒到绝望的程度，这是一种积极的悲观主义。

他是卡夫卡之子，对其作品了然于胸，但厌恶弗洛
伊德，并公然以最轻描淡写的方式蔑视精神分析。这并非
悖论。他赞赏精确的科学，却像周末的闲杂工一样，把大
量时间用来探索那些支配我们与世界关系的次语言区域
（zones infralinguistiques）。

他讨厌跟人做访谈。我深知这一点。有段时间，职
责所迫，我暂时不能从事记者的工作，就请他为法国文化
广播电台做一些访谈节目，对谈者任由他选。他对我说：
"那就来吧。来见我吧。"于是我请法国广播电台的台长批
准我带一台磁带录音机去剑桥采访，那情形有点像寄宿生
请求寄宿学校的校长放他出门，因为他的姨妈要来探望他
几个小时。

他太太扎拉开了门。她利用写作间隙准备了一份芝士
蛋糕（她是一位杰出的学者，研究极权主义时期的欧洲历
史）。外面，初春时节的小花园里，有蜀葵，有鸟儿在吐
芽的樱桃树枝上高声鸣叫。乔治把我带到花园的尽头，打
开他书房的门：那间八角形的简陋小屋，像是为了贮存尽
可能多的书而搭建的。

他移开正在听的莫扎特唱片。谈话可以开始了。

我当时并没有想到，自己竟可以这么频繁地回访，也没想到，随着时间的推移，他命名为"漫长的星期六"的这门课程，也在悄然酝酿着自己最终的成果。

今年秋天，我会带着这本书再次拜访他。希望到时乔治已写完他此刻正在写的书。那样就可以继续我们的谈话了。

洛尔·阿德勒

2014 年 7 月

Une éducation accidentée.
De l'exil à l'Institut.

一次意外的教育；
从流亡到研究院生涯

I

3

阿德勒：乔治·斯坦纳，您的朋友亚历克西·费罗南柯在您那本《埃尔纳手册》[1]里提到了您的手臂，提到了那个畸形的人体部位。他还说，或许您一生都在忍受它带来的痛苦。但您从未提起过这件事。

斯坦纳：我自己当然很难对此事作出客观的评价。我母亲的天赋改变了我的人生。她是个了不起的维也纳女人。毫无疑问，她会讲好几种语言：法语、匈牙利语、意大利语，还有英语。她有一股秘不示人的荒唐的傲慢，完全是个人性的傲慢。她还有一种非凡的自信。

我那时大概三四岁吧，记不太清了，但这个小插曲决定了我的人生轨迹。最初几年非常难熬，因为我的胳膊几乎是绑在我身体上。治疗过程也很痛苦，我不断地换疗养院。然后她跟我说："这可是意料之外的幸运！这样你就不用服兵役了。"真正改变我人生的就是那次谈话。"你多么幸运啊！"她能这么思考问题确实有点奇特，不过这是真事儿。于是我比那些服兵役的同龄人早两到三年接受了高等教育。

---

1 《埃尔纳手册》是法国埃尔纳出版社策划出版的一套主题性丛书。这里指的是以斯坦纳的生活、思想、学术研究为主题的那本。

想想看：妈妈竟然会这么说！我很讨厌现在流行的医疗文化，它用一些委婉的词汇来指称残疾人，它试图解释说："我们将这一切都看作社会优抚……"根本不是这样。这是一件很痛苦很严肃的事，但也并非没有好处。在我成长的年代，小孩子没得吃阿司匹林和牛轧糖。当时还有一种不用系鞋带的鞋子，穿起来特别便捷。我妈妈说："不行，你必须学会系鞋带。"我发誓，这真的很难。任何一个双手健全的人都不会去想这件事，但系鞋带真是一项不可思议的技术。我又哭又闹，六七个月后，才终于学会。这时妈妈对我说："你可以用左手写字。"我拒绝了。于是她将我的右手背到我身后："你要用这只残疾的手来写字——没错。"她就开始教我。我学会了用残废的手去画表格、画素描。这是一种努力的形而上学，也是意志力、自律和幸运的形而上学，但最重要的是，从这种形而上学中你能看到自己巨大的天赋。它陪伴了我终生。

我想，这一切让我理解了病人的某些境况和问题，那是阿波罗很难体会的，也是拥有完美身躯、绝对健康的人所无法理解的。身体和精神上的双重痛苦，与心智上的努力之间究竟有何关联？显然，我们对此仍知之甚少。别忘了，贝多芬是个聋子，尼采罹患偏头痛，苏格拉底也长得很难看！努力去观察别人究竟克服了什么困境，这很有趣。面对别人的时候，我经常问自己：他或她经历过什么，战胜过什么，或者遭受过怎样伟大的失败？

阿德勒：在《勘误表》一书中，您谈到您的父亲，一个维也纳人。他很快就觉察到纳粹主义的来临，于是带着一家人迁往巴黎。所以您是在巴黎出生的。您很年幼的时候，有一天和您的母亲被卷进了街上的一次游行，当时人们都在大喊："犹太人去死！"

斯坦纳：没错，后来它被称作"斯塔维斯基丑闻"[1]。那次事件并不著名，人们之所以记得是因为法国右翼势力经常谈及。当时在街上的游行者当中有一个叫拉罗科上校的男人。在今天看来，他只是个阴沉又好笑的人物，在那个时代却被很严肃地看待。我当时就在旁边的冉松－萨伊中学，和奶妈沿着蓬普街一路跑回家，因为一小群极右翼示威者正在拉罗科上校的指挥下行进，高喊："犹太人去死！"口号内容很快就变成："支持希特勒，打倒人民

1　又称斯塔维斯基事件，是发生于 1934 年 1 月的一次法国政治和经济危机。这场丑闻动摇了当时涉嫌腐败的卡米耶·肖当政府，并导致 1934 年 2 月 6 日的反议会暴动。

阵线！"这一切发生在布尔乔亚犹太人聚居的街区（蓬普街，保罗－杜梅大道）。妈妈倒不是因为害怕，而是出于对老派习俗的尊重，对我们——也就是我和奶奶——说："啊！快把窗帘拉下来。"这时我父亲回家了，反驳道："快把窗帘拉上去。"他把我抱到阳台上。我能记得当时的每一帧画面："犹太人去死！犹太人去死！"他很镇静地对我说："这就是历史，你永远不要怕。"对于一个六岁的孩子来说，这些话具有决定性的意义。从那时起，我知道那就叫作历史，而害怕是一件可耻的事。所以我努力让自己不再害怕。

我这么早就知道希特勒是谁，这无疑是一项巨大的特权。这也算是我的一次意外的教育吧。从1929年我出生以来，我父亲就清醒地预估了未来的形势。我翻过他的私人日记。没有什么事能让他感到惊讶。

阿德勒：所以您父亲预感到纳粹主义将点燃整个欧洲，于是决定带着你们去美国。那是在怎样的情况下？

斯坦纳：法国总理保罗·雷诺在最后一刻绝望地发现整个国家急需格鲁曼歼击机，我父亲就和其他财经专家一起被派往纽约，负责为法国购买歼击机的谈判事宜。他到纽约后，发生了一件神奇的事情。他们忘了纽约是一个完全中立的城市，所以那里也充斥着执行外派任务、衣领上戴着右旋十字徽章的纳粹分子，以及各种纳粹银行家，他们也来订购军火或是开展经济谈判。在"华尔街俱乐部"，我父亲曾经的一个密友——至今仍存在的大公司西门子的负责人——在一张桌子旁认出了他，让人送一张纸条过来。我父亲当众撕掉了它，并没有转过头去。他既不愿意听朋友讲话，也不愿意看他。但朋友在洗手间等着他，并且揪住他的肩膀说："你必须听我说完。1940 年初我们将踏平法国，就像刀子切热黄油一样。不论付出多大的代价，你都要把家人从那里带走！"这段故事发生在决定性的万湖会议 ¹ 之前，但那些大银行家，以及德国的总裁兼首席执行官们，通过波兰的目击证据和进驻波兰的德意志国防军的情况，就已经预测到要发生的事。他们知道所有犹太人都将被杀害。虽然不知道怎么杀，采取什么具体的方法杀，但他们知道在原则上，犹太人将遭到屠杀。

那是 1940 年，就在德国入侵前夕。所幸，我父亲把

---

1 万湖会议是 1942 年 1 月 20 日在柏林西南部万湖区的一个别墅里举行的会议，纳粹德国官员讨论并落实了系统屠杀犹太人的"最终解决方案"。

这些警告和提醒当真了。感谢上帝,然后他请求保罗·雷诺让我们全家——我妈妈、我姐姐还有我——去美国探望他。雷诺同意了,我妈妈却要拒绝:"绝对不行!要是离开法国,孩子们就没法通过高中会考。我的儿子就没法进法兰西学院了!"幸亏我们家是典型的犹太家庭,我父亲的话能起到决定性作用。于是我们得以在德国侵略法国之际离开巴黎,逃上一艘即将开往热那亚的美国邮轮。要不然,我今天还能活着吗?有人说德国人并不知情,但可以肯定的是——这不是我的虚构——有些德国人确确实实知道,从 1939 年年末开始,从波兰发生的那些事件开始,大屠杀就已经启动了。当然,他们被禁止谈论这件事。但假如你是西门子的总裁,就能得到消息,因为德意志国防军参谋部内部谈论了在波兰发生的事。我们就这样成功捡回了一条命。

阿德勒:或许这就是为什么您在书中多次提起,您怀有一种罪恶感或者说是一种局外人的感觉。

斯坦纳:没错,这种感觉很强烈。在冉松-萨伊中学,我班上只有两个犹太人幸存下来。但这个班原本全是犹太人，因为冉松 - 萨伊中学类似于年轻人的"犹太学院"。其他人都被杀害了。我每天脑子里想的都是这件事。偶然性，幸存者的蒙特卡洛赌场，高深莫测的幸运彩票。为什么其他孩子和他们的父母都死了？我想任何人都没资格去理解这件事。我们没法理解。我们唯一能感受到的东西就是："这里面有偶然性……非常神秘的偶然性。"如果信仰宗教的话——我不信教——就会在其中看到命运。否则我们就必须勇敢地说："这完全是一场抽奖，而我抽到了好数字。"

阿德勒：就这样您到了美国，在一所法国公立中学注册入学，开始了并不那么愉快的几年。

斯坦纳：我们还没有什么书描写那个年代的纽约。这其实是个很有吸引力的课题。那所公立中学当然在维希政府的掌控之中。我班上有两个男同学——人都挺好——他们的爸爸就是贝当麾下在马提尼克岛指挥舰队的海军上将。这所中学在公开场合奉行贝当主义，但同时也接纳逃亡者和各种抵抗者。比我高一届的班级里有两个年轻的朋友，只有十七岁，谎报年龄去法国参加抵抗战斗，最终双双死在了韦科尔。他们只比我大两岁。大家会在课间打架，因为货真价实的仇恨已经席卷了这所中学。维希政府当时如日中天，不仅仇恨犹太人，还仇恨左翼人士和一切哪怕有些微抵抗意愿的人。形势逆转之后，我们中学的校长、老师和督导们突然把洛林十字架，也就是自由法国的象征物，悬挂在校园里。这真是让我获益匪浅的一课：仅仅一天之内！就因为戴高乐将军访问了我们中学，那些卑鄙小人便在他面前卑躬屈膝，当然，还要伪装出对解放运动的热情。这一课真是让我懂得了很多。

就这样，我受到了非常良好的教育。为什么？因为那些流亡到纽约的大知识分子，为了挣点小钱，就来给我们这些小孩子上课。所以我跟着艾蒂安·吉尔松和雅克·马利坦上哲学课的时候，他们还没受聘于普林斯顿和哈佛。我还上过列维–施特劳斯和古雷维奇的课。这些思想界巨擘当时都供职于那所学校，在这些小孩子身上浪费了不少时间，还要给我们出考卷，带着我们准备中学会考。真是一个不可思议的时代。我在班上结识的最亲密的朋友是弗朗索瓦·佩兰的儿子。佩兰和约里奥–居里一起因为发现人工放射性而获得诺贝尔奖[1]，而他自己则葆有共产主义理想。约里奥－居里、佩兰、雅克·阿达马，他们这群人希望解放运动能催生出一个马克思主义的法国。这件事也意义非凡。无论如何，这几年的中学生活锻炼了我，我意识到这段日子对我的人生至关重要。我直到今天都深感自己欠了债。

阿德勒：也许是一笔巨债，乔治·斯坦纳，但这并未妨碍您离开美国，前往英国。

斯坦纳：在此之前我去了巴黎。那是1945年的事。你无法想象1945年的巴黎是个什么样子。我本打算进入路易大帝中学或者亨利四世中学的文科预科一年级和高等师范学校的文科预备班（我很自负，希望考上巴黎高师），但我父亲跟我说："没什么好商量的！未来属于英语。很抱歉，我必须说，有朝一日你用英语写了一本有价值的书，它很快就会被翻译成法语的。"我至今还记得这句振

1　这里的表述有些不准确，1935年诺贝尔化学奖的得主是约里奥－居里夫妇。弗朗索瓦·佩兰并非获得者，而只是有所贡献者。另外，弗朗索瓦的父亲让·佩兰获得了1926年的诺贝尔物理学奖。

聋发聩的预言。我听了父亲的话，大学前几年都是在美国很好的大学度过的：芝加哥大学和哈佛大学。我现在还时常想起法语的命运这个话题。从很多角度看，这都是我生命中至关重要的问题。我经常问自己，假如我参加了巴黎高师的考试，生活会变成什么样子。我很后悔没坚持参加那场考试。

阿德勒：然后您决定去伦敦生活，而且很吊诡的是，您开始为《经济学人》工作。您是以哲学家、作家、符号学家、知识分子的身份闻名于世的，鲜有人知道您最初的职业是经济学家——专栏作家兼记者兼经济学家。

斯坦纳：那是一份在全球范围内备受尊敬的周刊。我们当时的工作是匿名的，这是最值得提及的一件事：所有文章都不署名。想进这家周刊，一般要通过考试选拔。我其实对政治经济学一无所知，但我对写一手漂亮文章很感兴趣，也痴迷于国际关系问题。他们让我写一些关于欧洲和美洲关系的社论，当时我很年轻，年轻得离谱！我就这样度过了美好的四年。然后命运给我开了一个卑劣的玩笑，虽然看起来很诱人。《经济学人》把我派到大西洋彼岸当通讯员，报道美国核武力引发的论战：美国会不会把自己的核能信息分享给欧洲？在艾森豪威尔统治期间，美国选择了拒绝，但并未明确表示。而我们则希望双方能展开真正意义上的合作。在这样的背景下，我跑到普林斯顿待了几天，那是一座很漂亮的小城，甚至像幻境一般。我打算采访"原子弹之父"罗伯特·奥本海默先生。他对记者的厌恶甚至到了病态的程度，但他最后说："我可以给你十分钟的时间。"跟他相处，你会产生一种生理上的畏惧，这种畏惧很难用语言去描述。有一次，就在我的办公室门口，他当着我的面对一个年轻的物理学家说："你还这么年轻，就这么不愿意努力工作！"听闻这样的话，你唯一能做的就是去自缢了！奥本海默跟我约定在午饭时分见面。但他没来。我就去跟"外交家中的外交家"乔治·凯南、当时最伟大的艺术史家欧文·潘诺夫斯基以及研究柏拉图的古希腊文化专家哈罗德·彻尼斯一起吃饭。然后我等出租车来接我，车要半小时之后才到，彻尼斯就邀我到他办公室小坐。我们谈兴正酣时，奥本海默进来了，坐在我们身后。这是一种非常典型的陷阱：如果你跟别人说话，别人却看不到你的脸，对方一定会被你吓瘫，然后你自然就掌控了整个空间。奥本海默一定深谙这套剧

场理论，真是不可思议。彻尼斯当时给我展示他最近正在
编辑的柏拉图的一句话，里面有一处阙文，他想补齐。奥
本海默突然问我，换作是我，我会怎么做。我吞吞吐吐一
时说不利索。他就补充了一句："任何伟大的文本都需要
空白。"我心里对自己说："嘿，你又没什么可失去的，而
且你的出租车十五分钟后就会来。"于是我反驳道："这
只是一句看似华丽的陈词滥调。首先，您这句话来源于马
拉美。其次，这种似是而非的把戏，您可以无穷无尽地玩
下去。可是，当您要为普通大众编辑一本柏拉图著作，理
想的情况便是把空白都填满。"奥本海默的回答也很绝：
"不，具体到哲学中，恰恰是含混的东西才能激发辩论。"
他大笑了起来。只有我敢这样招惹他，敢积极投身于这个
话题的真正的辩论之中。就在这时，奥本海默的秘书跑过
来说："斯坦纳先生的出租车快要出发了！"为了这份报
道，我又跑去了华盛顿。在普林斯顿高等研究院的大门
前，这位令人捉摸不透的男人问我，就像在跟小狗说话：
"你结婚了吗？"

——结了。

——有孩子了吗？

——还没。

——太好了。那就不用为房子发愁了。

就这样，他邀请我加入普林斯顿高等研究院，我成了这里第一位年轻的人文学者。他觉得我们的相遇非常有喜剧效果……我打电话跟《经济学人》说了这件事，他们说："别犯傻了。您在我们这儿过得很开心，您每周都有一整天的时间用来做研究，可以继续写那些关于托尔斯泰、陀思妥耶夫斯基和悲剧的书。还是留下来吧。"就像当初抉择去不去巴黎高师一样，我再一次问自己，真的应该继续这份工作吗……我早晚能成为《经济学人》的二号人物，这几乎是确凿无疑的……也是他们的打算。但我不能成为主掌者。在杂志社工作真的很幸福……薪水的确很高，但无论你在乎什么，一旦想到将要加盟爱因斯坦工作过的地方，我就再也无法忍受这种被错置的骄傲。于是我从《经济学人》辞职，举家迁到普林斯顿了。

阿德勒：跟奥本海默的相处有没有让您受到教益？它对您接下来的智识生活是否产生了决定性的影响？

斯坦纳：影响很深。首先是因为我得以跟伟大的科学家们生活在一起，我很享受在这些科学家中间做研究的感

觉。我深信，我们处在一个科学极度进步的世纪，即便用
审美的或哲学的眼光看也是如此。可以说，当时我周遭全
都是天之骄子。这样的圈子，这样一群安静的人，这样一
个从事纯粹科研的理想环境……在高等研究院的第一场晚
宴上，新人要和老人握手，像是一种惯例。一个高高瘦瘦
的先生走过来跟我说："我叫安德烈·薇依。我想以后我
们没机会再交谈了。"他说的全是法语。"但我有件事想告
诉您。如果一个人很聪明，就会研究虚数数论。假如一般
聪明——比如我——就研究拓扑代数。剩下那些人，先生，
他们都是垃圾。"这话我永远不会忘记。他是西蒙娜·薇
依的哥哥。

阿德勒：也是布尔巴基运动[1]的联合发起人。

斯坦纳：当时我们听到的基本上是西蒙娜·薇依的
声音。事实上，我们俩的确再没讲过话。但能拥有那样慷
慨的时刻已属难得。第一次在高等研究院吃饭那天，我甚
至都不敢走进餐厅。在一屋子的思想界巨人面前，你该

1　尼古拉·布尔巴基是 20 世纪一群法国数学家的笔名，他们从 1935 年开始撰写一系列现
　　代高等数学的研究性书籍，致力于在集合论的基础上用公理方法重新构造整个现代数学。

怎样做？尼尔斯·玻尔识破了我的困窘，站起身说："跟我来吧。"他的肩膀和双手都像巨人一样。他浑身散发着热量……我什么话都不敢讲，他就从口袋里掏出一张照片："这是我的十二个孙子，每个人的名字我都记得。"尼尔斯·玻尔就这样让我放松下来，并且展现出一种纯洁无瑕的友谊。其他人当然都很难缠。有些时候，极其伟大的科学家们也是深陷于孤独者。但有两项活动把他们联系在一起：音乐（经常有非常棒的室内乐晚会）以及象棋（这是沉默者使用的另一种语言）。你跟冯·诺伊曼、安德烈·薇依能谈些什么呢？就算你在数学领域略有些造诣，也最好闭嘴不谈……但在棋局和音乐中，你能明显体会到交流和热情的存在。从那时开始，包括后来到剑桥工作，我一直有种感觉：这个世纪从事人文领域研究的人都习惯于夸夸其谈，已经到了骇人听闻的地步。但在数学或大部分科学领域，吹牛皮是不可能的：对就是对，不对就是不对。没法蒙混过关。倘若有谁在实验、结果、定理中动了手脚，那无异于自毁。每一天，或者说几乎每一天，都有人从同行组成的学术共同体中被开除出去。这是极其严格的道德。这种非常特殊的道德，可称之为真理的道德。这个世界是我一直深爱的，而且它将永续绵延。在剑桥，在我生活的地方，自 12 世纪的罗吉尔·培根以降，直至克里克、华生和霍金，每一代（牛顿、达尔文、汤姆森、开尔文……）都见证着科学绝对天才的爆炸。如果没搞错的话，就在这座小镇上，我的教员同事中至今出了十个诺贝尔奖得主，还没算上那些名誉教授。

阿德勒：我们会产生这样一种感觉：从这个生命共同体，从这种和伟大科学家们共享的经验中，您收获了一种分析的精确性和严格性，您将之运用到了多年来一直耕耘的领域——这个巨大的领域就是所谓的"人文学"。在整个欧洲历史上，您第一个将接近于数学的"严格性"观念引入了文学、神话学和文学史之中。

斯坦纳：但愿您说的是事实！吹牛夸口对我来说很可怕，我畏惧人文领域的弄虚作假。首先，我们身处一个根本性的哲学困境中：一个针对音乐、艺术和文学的批评性论断是无法被证实的。假如我声称莫扎特在某段旋律中显示出无能（有些人还是会同意我的），您可以说我是个可怜的傻瓜，但您无法真正驳倒我。当托尔斯泰说"《李尔王》是一部草草写完的闹剧，作者压根不懂得何为悲剧"

（我逐字逐句引述了他的话），我们可以回答说："托尔斯泰先生，很抱歉，您错了，而且错得很离谱。"但我们没法驳倒他。这件事说到底是非常惊悚的：所有给出的判断都无法被驳斥。随着时间的推移，我们也许能形成某些共识，没问题。但这并不能证明什么，因为共识也可能是错的。所以审美判断时常是昙花一现的，有一种根本上的瞬时性。假如要我说出当今文坛最重要的五六个作家的名字，恐怕其中百分之八十都是别人没听过的，哪怕对于受过良好教育和阅读训练的人（即"专业"受众）来说，也是如此。

其次，一个当然无法忽视的事实是：由于一些我们尚未探究清楚的原因，大多数的艺术、文学和审美体验都超越于善恶。现在，当我的生命即将走到尽头，我会越来越多地关注这样的问题："为什么音乐不会撒谎？"以及"为什么数学不会撒谎？"当然，它们可能犯错误，但那是另一个问题了。音乐倒是可以去表现一个撒谎的人，比如威尔第歌剧里的伊阿古。我不相信音乐能够撒谎。在我看来，这个特征使音乐具备了比话语更重的分量。

在法国（当然，其他国家也纷纷仿效），最为活跃的就是解构语言的戏码，就是所谓后结构主义的戏码，就是

达达运动结束后随之降临的一切导演的戏码——有那么多
关于杜尚的介绍性文献，而杜尚，在我看来，是主导这场
艺术大危机的灵魂人物。恰恰就在法国，在莫里哀和笛卡
尔的国度，这场危机表现得最严重，无论如何几年前依然
是这样。在这个国家，对语言的摧毁、对真理的诸种可能
性的质疑已经达到了积重难返的程度。这很有意思。语言
容许一切进入自身之中。这件事极其可怕，我们却很少注
意到它：我们什么都可以说，没有什么能让我们住嘴，没
有什么能阻断我们的呼吸，哪怕我们讲的是极其残酷的东
西。语言已经彻彻底底地奴化了，语言已认不清伦理的边
界在哪儿，这真是一个难解的谜。

阿德勒：没错。不过与此同时，语言也在不断接近真
理。或许不一定是陈述真理或完全贴合于真理，但至少是
在接近它。

斯坦纳：语言可以试图使人由衷地信服，但它必须
能表现说话者的意见。语句、生活和行动之间必须彼此相
连。比如，法国曾经有数以千计的马克思主义知识分子，
他们从未涉足苏俄土地，从未涉足世界。

阿德勒：还有一些像萨特这样看不清真相的知识分子。

斯坦纳：以及那些到处散布斯大林的蠢事、明明知道那些都是谎言的人。过去有，现在也有一些狂热的、充满激情的、易怒的犹太复国主义者——包括我在法国有直接联系的一些较亲近的人——那些人从未踏足以色列的国土。然而，一句话和一种生活之间至少要存在一些关联。这些关联可能很复杂，我知道。但真诚性是很难企及的东西，它要求我们时刻努力地进行自我批评。而说一些与我们历经的生活背道而驰的话，这在我看来过于简单。

Être un invité sur la Terre.
Réflexions sur le judaïsme.

地球上的客人
——对犹太问题的思考

阿德勒：对犹太问题的思考在您的作品中绝对是贯穿始终的主题。您认为，作为犹太人，应该拒绝一切形式的定居。在《语言与沉默》一书中您提到："阁楼上的洋娃娃不属于我们，房子里的幽灵看上去甚至穿着租来的衣服。"

斯坦纳：对，我的确坚信这一点。有人说流离失所意味着失去自我的重心，意味着无法真正接触土地和逝去的人，对于亲爱的巴雷斯先生[1]而言，也意味着不了解祖先的家庭。这即是希特勒带着侮辱和嘲讽的语气所称的"悬在空中的人"。

而我非常喜欢风。我完全不介意做悬在空中的人。相反，这样可以让我穿越海洋和陆地，去探索这美妙的世界，毕竟我们的生命是如此短暂。然而，我很清楚，对大多数人来说（这也是他们应该有的权利），对土地的执念、对家园的找寻是一种非常深厚的情感。我尊重这种情感，我不是傻子。但事物总有相对面：沙文主义、种族仇恨、对他者的恐惧。奥斯维辛之后的五十余年，种族斗争仍遍布巴尔干半岛和非洲，人们怀疑自家邻居属于其他种

1　莫里斯·巴雷斯（1862—1923），法国作家、政客。著有《自我崇拜》三部曲、《民族能量的小说》三部曲等。

族（这个词终究毫无意义）或民族，为此担惊受怕，因为这会导致房价的下跌——这难道不是一种下流行为吗？即便可以理解，但仍然是下流的。人是一种领土动物。残酷，容易惊慌失措。但是，上帝啊，至少要试着从这些桎梏中解脱出来。

我有两个孙女，她们是我和妻子的掌上明珠。她们从哪里来？她们来自印度海得拉巴的一个孤儿院。我女儿德博拉是哥伦比亚大学最年轻的古希腊语教授，而我女婿在普林斯顿教授古典文学、拉丁语和罗马史——多么值得骄傲！他们二人共同领养了这两个女孩儿，一个六岁，一个三岁。丽贝卡和米丽娅姆。米丽娅姆像是一颗午夜的黑钻石，有着明月般的眼睛。我们西方人没有这样的眼睛。我一见到她，就立刻为此疯狂，我迷恋这样的眼睛。但我觉得她最好住在美国，在那里领养是被广泛接受的。要知道，在我钟爱的剑桥的街头，和几个领养的孩子一起走路很成问题，这也让我愧疚万分。没错，这让我处于一种极度愤怒的状态中。不要告诉我，一个人无法从心底爱上完全不同的人。我没几年好活了，已经作好临终的准备，所以如果我能在某些方面照顾好她们的话……但我不能。我很无力。但至少，我知道，当我们说"我只能爱和我相同的人"，那是一种灵魂的肮脏。

犹太人的情况是很难捉摸的。上帝知道希腊人曾很有天赋。伟大的上帝！上帝知道罗马人创造了世界，古埃及人则帮助塑造了人类。他们全都消失了。全部。

那么问题来了：为什么我们能幸存？毕竟我们本可以接受基督教、弥赛亚，以及其他可能性。一些犹太先知就曾预言过。总之，我们本可以在很久以前就被同化。为什么我们能从纳粹浩劫和大屠杀中幸存？我唯一的答案悲剧性地充满了反犹太复国主义的色彩。我知道以色列是一个不可或缺的奇迹。有一天，我的子孙很可能在那里找到他们唯一的避难所。我知道，但我不能接受，因为对我来说，犹太人还有一个任务，即成为"受邀的朝圣者"，无论身处何方，他都是客人。犹太人要尝试在力所能及的范围内逐渐让全人类明白，在这个地球上，我们所有人都是客人。犹太人要把"四海为家"这一艰难但必要的技艺教给同胞们。作为客人，我们要为接纳我们的每个群体作出贡献。需要离开的那一天来临时，尽管那将异常艰难和令人焦虑，物质上也非常困窘，但对我来说这些都属于犹太人的任务。打个比方，如果明天我要在印度尼西亚开始新生活，尽管在我这个年龄已经不太可能，但我还是会学印度尼西亚语。这对我也有好处。我变得很懒了。

　　然后我的第一份工作应该很糟糕，但我可以骄傲地说我的第二份工作会比第一份好很多。最后，我希望能对上帝说："这段经历真的非常有意思！"无论如何，我可以保证，我不会大声痛骂："这怎么发生在我身上？为什么是我？为什么我是受害者？"不，我不会这么说。我会说："上帝先生，这段经历很让人兴奋！"

　　探索新的文化很有意思，诚如伟大的拉丁诗人所说，没什么关乎人性的东西对我而言是陌生的。我们四海为家。给我一张办公桌，我就能找到祖国。我既不相信护照这种荒唐的东西，也不相信国旗。我深信与新事物相遇是一种恩赐。

　　就拿我亲身经历的一则趣事做例子吧。我第一次受邀去北京大学讲学，坐到办公桌前的时候，突然闻到了一股恶心的气味。我发现打字机就摆在垃圾桶旁边，键盘还有一半被截去，桌子只有三个半桌腿。整整五分钟，我陷入了愚蠢的恐慌中。我正想着："这怎么回事？我可不能……"然后门突然打开了，一位很有礼貌的学生对我说："我选了您的课程，您能为我开一张必读书单吗？"我顿时找到了熟悉的感觉，完全像在家里一样。我本来可以在哈佛、索邦、牛津、普林斯顿或柏林大学，但我有了回家的感觉，这位学生就是我的家人。他对我以礼相待，愿意随我一起学习？好！我就在我应该在的地方。因为这份工作的缘故，每年秋天我都迎接新的家人。现在，我在五个大洲都有当上了教授的学生。

树有根，而我有双腿。这是伟大的进步。我喜欢树。我崇拜我家花园里的树。但每当暴风雨来临时，树枝会裂开，会掉落下来。哎呀，树会被斧头和雷电劈倒。但我可以跑。所以双腿是绝妙的创造物，我不想浪费它们。

阿德勒：犹太问题纠缠了您的一生，它远远超过了以色列的存在和人们在民族国家扎根的问题。

斯坦纳：这是一个极其关键的问题。我特别瞧不起沙龙里的犹太复国主义者。那是一种书斋里的犹太复国主义，从未生出踏上那片土地的念想。唯一一次我有幸见到本·古里安的时候（非常短暂的相遇），他说："只有一件事是重要的：那就是把您的孩子都交给我。"

阿德勒：您没有这么做。

斯坦纳：我没这么做。我其实是个反犹太复国主义者。让我来解释一下，即便大家会误解或误读我要说的话。过去的数千年里，大约从耶路撒冷的第一圣殿倒塌开始，犹太人从来没有能力去虐待、折磨或驱逐这个世界上的其他人。在我看来，犹太民族是世界上最伟大的贵族。当别人给我介绍一位英国公爵时，我暗暗思考："世界上阶层最高的贵族是属于那些从未侮辱、折磨其他民族的民族。"而如今为了生存，以色列人**不得不**（我强调二十遍都不为过）——不得不，也就是无可避免地——去折磨和杀戮，以色列人必须像世上其他国家的人一样表现出所谓的"正常"的样子。没错，我就是这样一个在伦理上赶时髦的人，喜欢傲慢地审判别人。在试图成为其他民族之后，以色列人已经失去了我曾经引以为豪的贵族精神。

以色列被其他国家包围，全副武装。当我从高墙之上看到巴勒斯坦的雇工在炎热天气里排起长队，希望能回到正常的工作生活中时，便不可避免地感受到队伍中的这些人承受的侮辱。我想："付出的代价实在是太大了。"而以色列则回答说："闭嘴，你这个笨蛋！加入我们的行列！跟我们一起生活！到危险中来！如果你的孩子不得不逃亡，我们将是唯一欢迎他们的国家。你凭什么要把我们编织成一个美丽的道德寓言呢？"我无法回答。要想回答这个问题，我必须在以色列生活，在街头巷尾继续我这荒谬的言辞，时刻处于危险中。我没这么做，我只能解释自己对某些犹太人的使命是怎么理解的，那就是受邀成为人群中的客人。更矛盾的是（这种矛盾真的在我额头刻上了该隐的记号），海德格尔的一句话为我指明了这个方向："我们都是人世的过客。"海德格尔觉得这句话意义深远，因为没有人能选择自己的出生地、成长环境、我们所属的历史时期、身体的残疾或健全……用一个德语词来说，就是"geworfen"，我们是"被抛"进这个世界的。我觉得被抛到这个世界上的人对生命负有一种责任，他必须表现得像客人一样。一位客人应该怎么做？不管在何地，他都必须生活在人民中间。一个好的客人，一个值得尊重的客人，会让主人的家比之前更干净、更美丽、更有生活情趣。如果他必须走，他就会收拾好行装直接离开。

世界上没有任何地方不令我兴奋，没有任何地方的语言和文化不值得我学习，没有任何地方不值得我去尝试一些有趣的事。世界有无限的丰富性。如果我们不学着成为彼此的客人，我们会毁灭自己，我们会发动宗教战争、可怕的种族战争。马尔罗曾异常清晰地预言这一天的到来。

流散各地的犹太人，我相信他们的任务是学会成为其他男女的客人。以色列并不是唯一可能的解决方案。如果难以想象的事情突然降临，如果以色列陷落，犹太人将会继续存在下去，它本身比以色列要崇高得多。

阿德勒：您在《语言与沉默》(1969)中写道："以色列，充满苦涩的奇迹。"您今天仍坚持这个看法吗？

斯坦纳：也许传播这种说法很危险（我是认真的），不过没错，我要重申的是：犹太人大大超越于以色列。在西班牙发展的五百年是犹太文化最伟大的时期之一。在萨洛尼卡的五百年是拥有伟大精神和智识的光荣时期。美国犹太裔在全世界大部分科学和经济领域中占主导地位。更不用说犹太裔在媒体和文学等领域中有多么举足轻重了。假设以色列灭亡——这么说可能比较危险，这样的设想从任何角度看都很可怕——流散的犹太人在心理上能否从这样的打击中挺过来？我不知道。这种想法很恐怖，很不可思议。但大脑就是用来思考难以想象的事。这是我作为教授和思想家的日常工作。这是上帝把我带到这个世界的原因。我坚信犹太人能幸存，这一点毫无疑问。我也相信我所说的"人世的过客"的谜团会继续存在。不过思考这个问题还挺让人难受。

阿德勒：如您所说，您支持犹太人的流浪状态，这是否意味着质疑以色列的存在？

斯坦纳：不，我不会质疑它。这是一部分犹太人必须依赖的奇迹。但正如我刚才说的，我不敢相信这是唯一的解决方案。在流浪中，我看到了非常美好的命运。在人群中流浪是为了到他们那里做客。

阿德勒：您是否将自己定义为一个犹太人，一个犹太思想家？

斯坦纳：不。我可以说自己是欧洲犹太人。我是一个学生，我喜欢当学生。我有我的师承。

阿德勒：您有老师。其中对您特别重要的一位是格肖姆·肖勒姆。他决定离开欧洲定居巴勒斯坦，为了在那建立一所大学。

斯坦纳：他是在一个非常危险的时刻去的巴勒斯坦。他在那里经历了战争，也就是第一次以色列阿拉伯战争，当时以色列接近灭亡。但对肖勒姆来说，这一回他再次体验到了完全不同的东西。他因为没能说服其他人离开欧洲而感到非常痛苦。瓦尔特·本雅明也是这样，他哥哥在集中营被杀，他对所有他认识的人说："来啊，来啊！"但其他人都没来。他就是卡珊德拉[1]。成为卡珊德拉是很可怕的。

阿德勒：您在世界各地教书，您的很多学生后来又成为教授，在世界各地继续教学，包括北京、洛杉矶、剑桥、日内瓦……您有没有想过将来会去以色列，成为以色列公民？

斯坦纳：这首先得归因于懒惰。我在犹太教成人礼之前一直学习希伯来语，然后又匆匆去学拉丁语和希腊语，

1　希腊、罗马神话中特洛伊的公主、阿波罗的祭司。她被赐予预言能力，又因抗拒阿波罗而导致其预言不被人相信。

便放弃了希伯来语。这不可原谅。我后来本可以再捡起来的……太懒了。然后我变成了坚定的反民族主义者。我绝对尊重以色列的存在，但以色列不适合我。想要达到平衡，就必须流散。而且我之所以拒绝，另一个原因是我为无国籍而自豪，几乎自豪到了一种讽刺的程度。这是我一辈子的自豪。生活在多种语言中，生活在尽可能多的文化中，并厌恶沙文主义、民族主义——这种现象在以色列长期存在，而且目前正在恶化。

阿德勒：但您去以色列作过好几次演讲？

斯坦纳：五次。

阿德勒：从来没被诱惑到动心……

斯坦纳：在耶路撒冷的时候有过，因为那座城市美得超凡脱俗。不过这是个糟糕的理由。

阿德勒：但您并没有质疑以色列作为国家的存在？

斯坦纳：现在一切都晚了。

阿德勒：同时，您强烈谴责以色列政府实施的一些针对巴勒斯坦人的政策。

斯坦纳：对。不管以什么理由提出这些政策，我都反对。再说一遍，在剑桥大学高雅的沙龙里说内塔尼亚胡是错误的很容易。你必须在以色列发表这种言论。如果我们不在那里，不能完全受制于当地情况，我认为最好还是保持沉默。

况且，现在我已接近人生的终点，对什么事都没那么确信了。有时候我想离开这儿，前往以色列。但有时候我会问自己，是不是本来就不该去。

阿德勒：您现在依然可以去。

斯坦纳：不行，现在不行了。我的身体状况和年龄都不允许了。他们也不需要我了。再说，我到了那儿，只能算是不速之客。

阿德勒：为什么呢？

斯坦纳：因为我这辈子说过的一些话……最简单的例子就是，我断言我们犹太人的幸存比以色列的存在更重要，这是最糟糕的背叛，无法被接受，我理解。但在我内心深处，最令我着迷的是犹太人卓越的智识，充满了神秘感。我们不能假装不知道，在科学领域，犹太人拿诺贝尔奖的百分比是压倒性的。某些领域则几乎被犹太人垄断。拿美国现代小说举例，有这样几个重要的名字：菲利普·罗斯、约瑟夫·海勒、索尔·贝娄，还有其他作家。在科学、数学和媒体领域也是如此……《真理报》曾经的主编就是犹太人。

这是不是巨大的危机感触发的结果？危险是不是发明创造之父？我经常这样大胆地猜想。在犹太教中，如果某个家庭的孩子天生聪慧，这家就要举行一场特殊的祈祷仪式，这在世上绝无仅有。这让我欣喜若狂，也赋予我无上的骄傲。我有（而且我不相信奇迹）一个在纽约的著名学院当院长的儿子，一个在哥伦比亚大学当古典学系主任的女儿。我女婿则在普林斯顿教授罗马文学。这曾经是我的梦想……对于精神理想和抽象的思想，我们或许有更高的天赋？热爱知识、思想和艺术是一种命运。所有男人和女人都在分享它，我知道，但规模这么小的民族，却在历史上数次逃过被灭族的厄运而幸存下来。总之，这个小族群遭受如此深的仇恨、恐惧和迫害，却仍然存在，没人能解释其原因。反犹主义笑话中通常包含一点真理的种子。黑格尔说："上帝来了，右手拿着天堂启示和应许的神圣文本，左手拿着《柏林公报》。犹太人选择报纸。"

黑格尔的这个反犹笑话包含了一个深刻的真理：犹太人对导管（*ductus*）——也就是历史和时间的内在流动——充满无限的热情。如果说 20 世纪是马克思、弗洛伊德和爱因斯坦的世纪（当然，达尔文是一个伟大的例外），这可能并非完全是偶然的。

阿德勒：您反复提起那些在集中营里继续向上帝祈祷的拉比的态度。您会不会认为，他们之所以祈祷，是因为他们把集中营视作圣殿的前厅？

斯坦纳：我无法回答这个问题。但我可以谈一谈被称为"活典籍"的拉比。其他被囚禁的人和受害者会向他们请教，因为这些人通晓数千页的《妥拉》和《塔木德》等经典，几乎是熟记于心。要成为一本"活着的书"，就像我们人的灵魂那样可以翻阅，绝不是能轻易做到的，事实上它是一件伟大的荣耀。

阿德勒：您对美国犹太人态度非常苛刻。您在一本书中说："在美国，犹太人会在晚上听孩子回家的动静，仅仅为了确保汽车回到了车库，而不是外面突然有了反犹的骚乱。"

斯坦纳：但这不是批评。我说这些话时充满无限的感激。我的孩子们、我的孙儿们都在那里。我希望他们在那里生活，因为相比于以前，美国犹太人的社会地位正在提高。这是非常了不起的进步。不过，还要警惕被同化的极大风险。慢慢地，通过跨族通婚，借助社会不断增强的包容性，犹太人也将在美国消失。不像正统派犹太教徒，他们认同自己的存在，哪怕这是侵略性的和迷信的存在；而且，他们不被其他族群同化。而美国犹太人，比如像我这样不信教的世俗犹太人，可能面临着逐渐消失的危险。

不管怎么说，我刚到美国的时候，哈佛、耶鲁、普林斯顿这些大学里都有针对犹太人的录取限额。如果您那时告诉我，几年后，所有这些大学的校长都会变成犹太人，犹太人还能在文学系获得教席——这在以前绝对不可能——我不会相信。有一种大行其道的势利，试图让犹太人相信自己是局外人。这种想法现在不复存在了。我最后一次有幸出席普林斯顿高等研究院的常任理事会议，是为了找人接替一位非常伟大的数学家，一位世界级的逻辑学家，大家为此提出了各种各样的人选。这时，奥本海默拿他的烟斗敲了敲桌子——这意味着他实在受够了，不耐烦了——然后说道："先生们，劳驾你们动用一下你们的政治嗅觉，去提名一个非犹太人吧。"但当时在世界范围内还找不到谁能和那位犹太数学家一样卓越。而今天，我相信或许可以在日本人中找到，未来可以在印度人（尤其是印度妇女，我要强调一下）中找到。近年来，无论我去哪里访问，各地的大学都卷入一场巨大的变革：班上名列前茅的学生不再是犹太人了，而中国或印度的学生目前在纯逻辑、数学、理论物理等传统学科中更胜一筹。

阿德勒：对您来说，成为犹太人意味着成为有经人[1]并热爱学习。"犹太人"指的不是一个种族，而是一种对学习的欲望。

斯坦纳：实际上，我对种族史一无所知。这是个很糟糕的笑柄。成为犹太人，就意味着要归属于几千年来尊崇精神生活的传统，抱着对圣书和文本的无限尊重，同时也意味着必须时刻准备好行装，我再重复一遍，必须永远准备好行装。没有抱怨，没有针对宇宙的不公道发出的呼号。那是必须优先考虑的事。记住（我们往往忘记这件事）：古希腊语中，主人、客人和外国人都是用同一词语来表达的，那就是"xénos"。如果要我描述我们的悲惨境况，那就是"xénophobie"（"仇外心理"），这个词留了下来，被经常使用，每个人都能理解它，而"xénophilie"（"对外国人之爱"）这个词却消失了。这就是我们面临的危局。

阿德勒：您以一种非常新颖的、相当令人惊讶的，甚

1　犹太教中仅指犹太教徒，伊斯兰教中则是对《旧约》和《新约》信奉者的泛称。

至对某些专家而言显得傲慢的方式，重新解读了反犹主义的根源史。您解释说，反犹主义的突然出现，不是因为犹太人把耶稣钉在十字架上，而是因为上帝在犹太人中产生，引起了基督徒的嫉妒——嫉妒到最致命的疯狂的程度。

斯坦纳：犹太人总共对人类进行过三次勒索，给人类带来巨大的重负。首先是通过摩西律法。一神论是世界上最不自然的东西。当希腊人说有一万个神……它是自然的、合乎逻辑的、令人愉悦的，它使世界充盈着美与和解。而犹太人却回答说："真难以想象！只有从伦理道德的角度，我们才能拥有关于上帝的形象和观念。他是一位全能的上帝，他的报复会延伸到人类的第三代，等等。"太可怕了，这种秉持一神论观念的摩西律法是第一次勒索。

第二次勒索：基督教。耶稣，一个犹太人，他嘱咐道："你们要把所有的一切都给予穷人。你们要为他人牺牲。利他主义不是一种美德，它就是人类的责任。你们要谦卑地生活。"这是犹太教的一个终极要旨：你们可知道，山上宝训全都是由《以赛亚书》、《耶利米书》和《阿摩司书》的引文组成的。

第三次勒索，是马克思。他宣称："如果你有一套三居室的漂亮房子，周围却有人无家可归，那你就是最糟糕的人。"为人类的自私贪婪及其对财富和成功的欲望进行辩解是不可能的。圣茹斯特怎么说的？幸福在欧洲是个新观念。马克思怎么说的？正义在欧洲是个新观念。可怕的不平等我们见得太多了。无论在巴黎还是伦敦，越来越多的乞丐游荡在我们首都街头的人行道上。

　　犹太人曾三次要求人们："要做人。要有人性。"这很恐怖。然后，弗洛伊德先生在他的按语中夺走了我们的梦。他甚至不让我们平静地做梦。至于伟大的先知……以赛亚称自己是一个在黑夜里醒来的人，他的叫喊将整个城市唤醒。耶利米劝告说："醒醒，别睡了。"但夺去我们这些小资产阶级的睡眠真的很恶劣。好的睡眠是资产阶级和中产阶级的奢侈品。挨饿的人并不理解这一点。即使如此，弗洛伊德仍要剥夺我们的睡眠。不，真的，当希特勒在所谓的"席间闲谈"中宣布"犹太人发明了良心"，他是完全正确的。这位残暴之徒察觉到的这一点甚至非常深刻。索尔仁尼琴是个既伟大又可恨的人，当他说"共产主义和布尔什维主义的病毒都来源于犹太人，它们传染给了喀山圣母和俄罗斯的神权统治"，我觉得他对历史背景的掌握完全正确。我们可以为此感到骄傲或惋惜。但反犹主义是人类的一种呐喊："你们别再打扰我了！"这是针对犹太教所代表的道德纠缠的一种呐喊。我不认为我们能够消除它。中东危机正在恶化。一方面，所谓的自由主义国家内部存在一种反犹主义左派，另一边则是浸礼会信徒，美国最具法西斯倾向的新保守主义者——他们在美国东南部有五千万人之众——向以色列总理沙龙汇钱、运送武器，并鼓励他："是的！太棒了！我们必须让不虔诚的人远离拿撒勒国家。"是的，他们称以色列为拿撒勒国。这些废话荒谬而残忍，这些联盟令人厌恶至极。

历史将重新进入非常危险的阶段。每个人都依靠挖掘自己的内心世界而生活。我每天早上起床，就给自己讲一个故事，为了撑过一整天：上帝宣布他已厌倦了我们。真的。"我受够了！"真正的洪水十天后到来。这次就没有挪亚了。挪亚本是一个错误。教皇向天主教徒宣布："很好，这是上帝的意愿。你们要祈祷。你们要互相原谅。你们要和家人聚在一起，等待世界末日的到来。"新教徒则说："你们要结清自己的银行账户。你们的资产负债记录必须完好。你们要和家人一起祈祷。"而拉比说："十天都够我们学会在水下呼吸了。"正是这则有趣的轶事给我的每一天都带来幸福和勇气，也让我深深地确信：十天真的很漫长。

阿德勒：您如何回应在世界各地出现的反犹主义的
复苏？

斯坦纳：我曾希望在我生命将尽之时（就是现在），
纳粹大屠杀的历史遗留能得以平息，我们能自然而然地迎
来欧洲的某种和解。但事实远非如此。今天，反犹主义和
仇恨犹太人的浪潮正从各处朝我们涌来。就在几年前我们
还不能预想到这种可能性。匈牙利、罗马尼亚、波兰几乎
没有犹太人了，但反犹主义仍在继续。我很遗憾地告诉
您，我心爱的英格兰出现了越来越多反犹主义的迹象，甚
至出现针对犹太科学家的学术抵制……这种危机面前还
蔓延着一种异常不安的情绪。现在，很具有讽刺意味的
是，恰恰是普京而不是其他人在乌克兰谴责反犹主义。您
知道，这称得上卡夫卡式的情节！世界各地的反犹浪潮正
再次袭来，也许美国除外。我没有谈到否认主义[1]（它在法
国有众多拥趸），我谈到的都是自称思想正直的人的观点，

---

1 该术语来自法国历史学家亨利·鲁索，指对犹太大屠杀进行否认、辩护的态度与行为。
   后来，它也指涉那些对反人类罪的历史事实加以挑战或美化的行为。

他们对犹太人的存在感到越来越不舒服。

阿德勒：您能不能为我们绘制一张反犹主义回潮的
地图？

斯坦纳：它无处不在。翻开报纸，总能看到各种袭击
犹太人墓地和犹太会堂的事件。还有民族主义运动、右翼
运动公然表达对犹太人的仇恨。所以我给出一个非常初步
的假设：对犹太人的仇恨出现在不再有犹太人的地方，甚
至是从未出现过犹太人的地方。所谓的《锡安长老会纪
要》在哪里印量最大？在犹太人从未涉足的日本。正是在
那里，这臭名昭著的小册子售出了成千上万份。人们有
权提一个几乎是超自然的问题："所有拒绝调解、拒绝遗
忘的深层根源是什么？"我们忘了其他问题，却忘不掉犹
太人问题。我想提供一个临时性的答案，不过，接近生命
终点时，我倒觉得这个答案越来越有说服力：犹太人延续
了太长时间。没人会说"我是地米斯托克利或恺撒的同代
人"，但犹太人的民族认同和历史认同持续了五千年——
确实很悠久。何以能延续这么久？地球上有且只有另一个
民族具有数千年的传统：那就是中国人。显然在这一点

上，我们必须考虑到数量的庞大。

第一个绝对骇人听闻的（scandaleux）——希腊语中这个词（skandalon）表示"程度高"，我就是在此意义上使用的——事实就是：目前地球上的犹太人比大屠杀之前更多。任何人都无权说这种不恰当的话，但事实如此，现在活着的或幸存下来的犹太人比人类史上最大规模的种族灭绝发生前的数量还要多。作为犹太人，我们在心理上怎么从大屠杀中挺过来？怎么能回避美国著名犹太哲学家悉尼·胡克在去世前不久提出的这个关键问题？我想重提一下。如果有人告诉你，你尚未出生的孩子将经历新的大屠杀，另一种形式的奥斯维辛集中营，将再次面临被奴役和被消灭的威胁，你可以让他们改宗，不惜一切代价地脱离犹太教，要么一开始就决意不要孩子，你会作出怎样的选择？这是他提出的哲学问题。

肯定有人思考过这个问题，我也时常这样问自己。假使我们能预见可憎的和非人道的东西会再次潜伏到我们身边，我们是应该尽一切努力掩盖犹太人的过去，脱离犹太教（这在美国是可能的，在英格兰非常有可能，在法国也许有一定的可能性），还是干脆不要孩子？

阿德勒：脱离犹太教？您指的是更改姓氏并皈依另一种宗教？

斯坦纳：改变姓氏、文化，试着让自己隐身。持续一两代的时间，改变就能产生作用。好吧，我认为绝大多数犹太人，即使完全不信教的、不去会堂的犹太人，都不会采取这个方案。我只是在估计，还没有可靠的统计数字。究竟是什么让犹太人想要继续做犹太人——上帝知道这是多倒霉的一种命运！这种幸存的神秘性激起了非犹太人的愤恨，某种残酷的感觉。我相信犹太人已经与生命签订了契约。我的解释是，犹太人与生命本身之间似乎有一份千年协议，这是人类活力的奥秘。经过十年的、经常是独自关押的牢狱生涯后，夏兰斯基（著名苏联犹太复国主义者）与一名被捕的间谍在一座小桥上作了交换。夏兰斯基做了什么？他跳着舞穿过这座桥，大声辱骂他的俄罗斯警卫！在科雷马的营地，俄罗斯警卫似乎很害怕夏兰斯基。他跳着舞，像大卫一样在约柜前跳舞。这是与生命力签订了难以解除的契约之舞。或许这只是一个比喻，但如果犹太人想知道究竟是什么激怒了其他人，我相信就是这种生存的奥秘，这种对消失的抗拒。

我们正触及一个只有社会生物学家才能理解的领域……"有什么要素吗？"拉马克问道。"没有，"达尔文说，"我们没什么具体的特质。"最近我们开始重新考虑拉马克的话。为什么70%的诺贝尔奖科学家都是犹太人？为什么90%的国际象棋大师，无论身在阿根廷还是莫斯科，都是犹太人？为什么犹太人在不限于理性思考的层面上相互认可？很多年前，海德格尔说："当我们因太愚蠢而无话可说的时候，就会讲个故事！"他这是在挖苦。那么我就讲个故事吧！很多年前我去过基辅，当时我还是年轻的博士生。有天晚上我出去散步，听到身后的脚步声，一个男人走到我身边，说出"Jid"这个词。我不懂俄语，他不懂德语，但我们发现各自都会一点意第绪语。我问他："您不是犹太人？""不，不。我来告诉您怎么回事。在大清洗的黑暗岁月，外星人可能已降落在临近的村庄里，而我们不知道；我们什么都不知道！但犹太人能获得世界各地的新闻！我们不理解是怎么搞的，但他们知道发生的一切。"真是一个地下通信共济会。他补充说："我所学的意第绪语至少足够让我问他们一个问题：'莫斯科发生了什么？'他们肯定知道。"

阿德勒：您说的通信共济会是什么意思？

斯坦纳：通信共济会意味着让我自己成为世界的一部分，在其中我们知道发生了什么，我们不允许自己被欺骗，我们知道如何说不。犹太人总能对专制以及周围非人道的事物说不。他们从未完全与世隔绝。在我看来，这是超越生命力的一部分，已经与历史达成了某项契约。犹太人会说："我们将遭受极大的痛苦，我们将成为朝圣者和地球上的流浪者，但我们最终不会消失。"

阿德勒：假如既不承认以色列是政治命运的化身，又不是信徒，那么，做一个犹太人意味着什么？

斯坦纳：我要怀着既羞耻又喜悦的心情回答您：做一个犹太人，就是和您坐在这个房间，身旁围绕着所有这些书、这些音乐，每天通过阅读练习好几种语言，每天早上都试图学到一些新知识。对我来说，成为犹太人就是保持学生身份，成为学习者。它拒绝迷信，拒绝非理性。它拒绝求助于占星学家来了解自己的命运。这是一种智力、道德和精神的视野。最重要的是拒绝羞辱或折磨他人。不要让他人因我的存在而痛苦。

阿德勒：但您定义的是人性的特征，未必指的是一个民族或一种文明的特征。

斯坦纳：不是这样的。世界其他地区正变得越来越残暴、狭隘，越来越民族主义和沙文主义。现在，在西方世界，占星师的数量是科学家的三倍。迷信和非理性重新获得了强大的基础。我们生活在一个日益庸俗、粗鄙和残暴的社会。

阿德勒：您认为成为犹太人会使您免受其害？

斯坦纳：是的，我是这样认为的。我举个非常敏感的例子，这个例子对我来说弥足珍贵。到目前为止，我们还没有在犹太学校发现过一起恋童癖案件。这非常重要：犹太人认为孩子是神圣的。如果至少这一事实能得到证实（我很谨慎，因为我们对这些重大秘密又能窥见多少呢？）……相反，直到今天，恋童癖案例在基督教国家的各个地方都有所增加。据我了解，似乎也没有任何一位犹

太教师或拉比与孩子有过性接触，我的上帝！我不妨谈谈
一个我熟悉的国家，在爱尔兰，没有一所学校能摆脱这样
的指控。在英国也是，对恋童癖的审判也在增多。或许对
我来说，成为犹太人就是成为绝不会碰孩子、绝不会折磨
别人的人。当他读书的时候，他手里会拿着一支铅笔，确
信自己能写出一本更好的书。这就是犹太人面对智力的无
穷可能性所具备的高傲："我会做得更好！"如果说这里
面有一点真实的成分，那么它便是一种在智力生活面前的
无限特权——这种特权在我看来是人类的荣耀。这并不是
不承认存在着吝啬的、腐败的犹太人（把整个伦敦买下来
的大金融财团以及俄罗斯的歹徒们有很大一部分就是犹太
人，犹太人也将手伸向了奢侈品行业），而是意味着，这
个民族继续不成比例地为科学的荣耀、哲学和思想的荣耀
作出巨大的贡献。

　　我在我所有的著述中都把自己定义为犹太人。在我的
第一本书《托尔斯泰或陀思妥耶夫斯基》，以及在《悲剧
之死》中也是如此。就像赶路的人一样，我为没有家而感
到自豪。在我生命的最后时刻，它几乎是我留下的一切，
它定义了我。现在，一想到没学习希伯来语，我就觉得非
常遗憾。我最初学过一段时间，然后被希腊语和拉丁语诱

惑了……这是个严重的错误。

　　阿德勒：您可以重新捡起来！

　　斯坦纳：有点晚了。

　　阿德勒：从来都不晚。

　　斯坦纳：已经到了做许多事都太晚的时候了。

« Chaque langue ouvre une fenêtre
sur un nouveau monde. »

"每一种语言都是
打开新世界的窗子"

阿德勒：费罗南柯说您的作品就像"一座广阔的岛屿，置身于一片封闭的海域，四周被小岛环绕，有一个港口，港口要道的四周都被峭壁包围着。其中一座峭壁叫'巴别塔'，另一座叫'安提戈涅'"。这样的描述您同意吗？

斯坦纳：不完全同意。考虑到我终生的研究和思考都离不开语言（langue）和语言系统（langage）的问题，"巴别塔"的说法倒也算恰当。至于《安提戈涅》，大概因为它是世上最美的文本，而它的诸多变体也曾指引我去考察神话是如何存活和苏醒、如何适应于其他形式的。但它可以被替换成《伊菲革涅亚》《俄狄浦斯王》，甚至是《淮德拉》，这些文本也曾启示过其他学者。

阿德勒："语言"这个主题构成了您研究的根基，而且，也和您的人生经历不无关联。您一出生就浸泡在不同的语言里。

斯坦纳：我父亲认为，对一个犹太家庭而言，想要幸存就要了解尽可能多的语言。

　　所谓教孩子不同的语言会让他产生精神分裂和混乱，这种论调让我很恼火。它无非是对盎格鲁－撒克逊的政治正确和英美帝国主义的服从。相反，再也没有比我们今天更糟糕的做法了，那就是将孩子限制在单一语言环境中，然后告诉他："既然你在哪里都能听到英语，何必在上面浪费时间？"的确，中国的学校都在教英语；在俄罗斯到处都是英语；它甚至成了日本的第二语言。但这与灾难无异，一种语言的死亡就等于一个可能性世界的消失。

　　阿德勒：我们常说，每个人都有一门母语作为主导。但您似乎拥有好几门母语。这是怎么做到的？对此您有怎样的体验？

　　斯坦纳：普鲁斯特有个段落写得很漂亮：年轻的马塞尔当时在翻译英国大批评家、艺术哲学家约翰·罗斯金的作品，翻译了七年。普鲁斯特的英语水平很一般，但他妈妈英语很好，于是每到深夜，她就先译一个初稿，塞到门缝底下。您知道年轻的马塞尔怎么说的吗？他说"英语就

是我的母语"。¹这个劝诫很有意味。我不相信所谓母语的
存在。在瑞典西部和芬兰，一个人刚出生就要说两种不同
的语言，而且都很难。在马来西亚存在三种语言，人们成
长的过程中要说三种语言。在弗留利则是罗曼什语、意大
利语和奥地利德语这三种语言。很多人生来就说好几种语
言。我们过分夸大了单语主义的所谓先天性。

我妈妈说一句话的时候，喜欢开头用一种语言，结束
时再用另外两三种语言。多么了不起的维也纳女人（这种
观念很超前！），她此前学过法语。维也纳的犹太布尔乔
亚阶层都能说一口流利的法语。纳博科夫在掌握俄语之前
已掌握了英语。无论如何他告诉我们他最初写诗用的是英
语。他甚至先读到拜伦，后读到普希金。而他的奶妈（极
大影响了他的一生）跟他说的就是英语。令人赞叹的英国
作家伯吉斯坚持说自己是诺森伯兰的伯吉斯，诺森伯兰位
于约克郡²，那里"有他的祖先"。更不用说奥斯卡·王尔德
（他用法语写了几本巨著）、康拉德（弃用了波兰语而使
用英语）这些人了。还有贝克特……谁也不知道他的草稿
究竟是用什么语言写的。我在《巴别塔之后》这本书里推

1　法语中，"母语"和"母亲的语言"用的是同一种表达。

2　原文如此。

测说，他可能无意识地混用了法语、英语和一定数量的意大利语。他在给詹姆斯·乔伊斯当秘书时的那些早期作品都是用意大利语写的，主题是关于但丁和意大利语。贝克特可能是现代文学最伟大的人物了。他创造了一片火山领地，用多种语言混合在一起产生的火山岩浆来写作。而且他做到了文学史上任何人——几乎是任何人——都没能做到的事：他能把笑话在不同语言之间无障碍地传递。这是最困难的。他是巴别塔上的高手。

复调（polyphonie）和多语（polyglottie）远远算不上一种诅咒，相反，那是一种特别的幸运。每种语言都是一扇打开新世界的窗子。我听到过相反的论调。有些人持之以恒地在剑桥和英国将我边缘化，至今仍在这么做，他们的说辞非常动听："斯坦纳先生是一位欧陆思想家。"欧陆思想家……倒是找一个给我看看！这个时代不可能存在欧陆思想家。为什么？因为巴雷斯式的对血和死者的崇拜大行其道（英国也不例外）：只有扎根（"扎根"是巴雷斯的另一个术语）在一种母语中的人，才具有直接的敏感和条件反射，一个多语者和局外人永远无法获得这个能力。也许吧。一些用英式或美式英语写作的诗人，他们的深邃之处我无法觉察到，这当然是完全有可能的。换句话说，我可以珍视他们，但永远无法跟那些精通一门语言却对其他语言一无所知的人相提并论。

我们不可能什么都占有。我不愿意只掌握一种语言，这对我来说不可思议。我教英语文学教了五十年，一直怀着某种幸福的希望。我到巴黎拜谒了保罗·策兰墓，如同迄今最伟大的德语诗人荷尔德林，他也无法被翻译。但一个非常严重的事实是，你我都必须借助糟糕的翻译来阅读《圣经》，有些地方译得很漂亮，但终究是糟糕的译本。不懂希伯来文，这是我们接近人性源泉的第一个障碍。那么，能通过翻译去理解古希腊文吗？那就更不可能了。而且我们跟中国、跟日本也切断了联系。我不懂俄语。我的前任，也就是在我之前担任《纽约客》首席评论家的埃德蒙·威尔逊，晚年知道自己时日无多，就请了一位老师教他匈牙利语——一门极其艰难的语言。他解释说："我听闻有几位匈牙利语诗人能与普希金、济慈媲美。我想了解一下！"他指的是奥第·安德烈和裴多菲·山多尔。真是不可思议。"我想去认真了解，不能任由自己满嘴跑火车。"要不是因为我懒，我现在可能也在学一两门语言。我也喜欢获取知识。

阿德勒：您怎么看待英美语言文化在世界范围内的主导权？又怎么看待法语的处境？

斯坦纳：一门语言是一种言说事物的方式，就这么简单。每种语言里的动词将来时态——在某些语言里表示意愿——各不相同。对人类探险的潜力和人类处境的期待，也视语言而各不相同。其丰富度就像回忆，像回忆构成的巨大整体一样。假如我们的星球变成单语的，或近乎单语的，那将是不亚于动植物物种灭绝（您应该知道，它们在世界各地惨遭灭顶之灾）的巨大损失，将造成一场骇人听闻的贫瘠。我似乎用不着跟您说，面对英美语言的征服，法语自身的处境多么让人担忧了吧。

也就是说，这种语言的胜利，噢，反讽一点的话，这种工业的、技术的、科学的、经济的、财政的世界语的胜利，是跟美国的政治权力息息相关的。英美语言以一种很难解释清楚的方式，充满了希望，充满了承诺，而其他的伟大语言则处于疲态和明显的感伤情绪中。这是多么值得研究的素材！有些语言已经被美洲大陆的主导权击溃了，不过另一些语言正在生成新活力。拉丁美洲的强力作家们在西班牙土地上回暖，并以一种惊人的速度传播着影响力。曾被萨拉马戈和安东尼奥·洛博·安图内斯（在我看来他是最优秀的欧洲作家之一）使用过的葡萄牙语正在巴西重获优势——巴西自己也有很耀眼的文学传统。其他语种就不容乐观了。

在英国，英语的命运并不明朗，因为对年轻人而言，占上风的其实是一种英美文化。马丁·艾米斯年轻时曾是（"曾是"，我强调的是过去）他那一代最有潜力的小说家，他写过一部题为《金钱》的小说，以无出其右的天赋塑造了这种新的美国语言。但它当时并不畅销。

一位英国作家要美国化并非易事，它会激发很深层的心理困境。现在活跃的英语，其源头在哪儿呢？在加勒比、印度、巴基斯坦（代表人物是萨尔曼·鲁西迪、奈保尔……），尤其在爱尔兰，拥有独立的、令人惊叹的语言传统的爱尔兰。新的活力是从那些地方，从经典英语的边缘地带诞生的。

法国和英国之间那条狭窄的海峡，在某种意义上，比太平洋还要宽。以它为界，两种语言、两种看世界的方式在根本上有着深刻的差异。一方面，法国曾流行着一种被称作道德主义的学说，现在或许式微了，但总有回潮的那一天。这个维度始终存在于法国思想中（当然是从 17 世纪开始的），它面对人发言，面对人的伦理世界发言。这跟德国哲学和英国传统迥然不同。形而上学在英国从未处于强势地位，但另一方面，英国经验主义、英国式的反讽、休谟和伯特兰·罗素的怀疑论产生了全球范围的影响力。我们不能忘记英国处于这样的悖论中：这座小岛的经济和政治都在衰退，它被它没有打赢或是出乎意料地获胜的战争所重创，但它的语言统治了全球。小岛上走出了莎士比亚和整个世界都在使用的英语。我在很多地方留下过行迹，所到之处总能听到英语，无论在中国，还是跟日本学生在一起，或者在东欧。

瓦雷里是我的偶像，但他也说过一些绝妙的蠢话。他曾声称："有人说，只需二十小时就能学会英语。我的回答是，想学会法语两万个小时都不够。"这段俏皮话很蠢，但也算得上精妙。这两种语言我都教过，他说得没错：英语不仅学得快，而且包含一种充满希望的讯息。什么意思呢？英语就像一块通往明天的飞毯。英语中充满承诺。它对我们说："明天会更好。"美国《独立宣言》里有一个著名的短语："对幸福的追求"。就像是对整个人类宣告："去追求幸福吧！"但这绝非不言自明的。这门语言里没什么大的绝望，没有俄语、法语里那样的末日感，没有对人类、对原罪进行审判的形而上的视野。英美语言从不相信这些。

阿德勒：您家里好像没有电脑。

斯坦纳：我是个科技盲，碰到高科技就吓得尖叫的那种。我甚至搞不懂电话是怎么工作的。不过，我怀疑您也搞不懂。现在的人都有一种令人很难置信的虚张声势。我们被那些我们一无所知的设备包围了。Kindle，iPod，推特。我之所以知道它们存在，全赖我的孙子孙女们擅长操纵这些魔术。一切都有赖于英美语言，有赖于一种言说的经济学和一种句法经济学。我们要当心。假如电脑和它最初的几种语言（这归功于美国的香农和英国的图灵）是在印度发明的，假如最初的信息书写程式是依据印度语法建立的，世界将是另一番模样。这个星球将不再是我们现在认识的样子。极简话语的新观念和英美语言的先天结构之间存在着令人称奇的巧合。为什么德语能让人变疯，并把所有东西都转换成哲学？因为德语动词往往出现在漫无止境的长句的末尾。也就是说，我们会犹豫，会不断重新开始，我们对自己说"或者，或者，或者"，最终也没能找到那个动词。这造就了黑格尔、叔本华、康德和海德格尔的风格。英语则做不到这一点。

英语的言说对象是大众，倒不是指文盲或未受教育的人——应该弃用这类粗暴的词——而是那些在语言面前不享有特权的人。它对他们说："你也可以做到，你能获得你想要的一切。"它给出一个巨大的承诺：用简单的语言也可以雄辩。

请注意，在很多国家，比如法国，如果犯了语法错误，犯了口误，如果说话吞吞吐吐不连贯，就会被另眼相待。在美国，我们却把不擅长雄辩跟诚实联系在一起：一个人说不好话恰恰证明他诚实，说明他没有满嘴跑火车。这个逻辑的深刻程度堪比辩证法，就像是罗马和法国文明的一个反题。在法国，必须懂得如何讲话，而法国的重要领导人往往都有令人赞叹的雄辩术。法国诞生了一个波舒哀[1]，一个戴高乐，还有其他演说家。在美国，最基本的词汇只有八百个左右。贝尔电话公司研究过，只需八十个单词就能讲出我们想讲的一切。在其他语言里，极为丰富的词汇量能分辨出某种社会精英和教育精英。情况非常

---

1 波舒哀（1627—1704），法国主教、神学家。

不同。

阿德勒：所以语言不同，言说也自然不同。如果援引您的另一部分不太为人所知的研究，也就是话语的情欲问题，就可以发现，言说也取决于性别。什么是言语的情欲呢？它传递的是什么？您在《巴别塔之后》这本书里触及了一个引人入胜却未被开垦过的领域：您大胆地声称存在一种女性言说。

斯坦纳：对这个问题我越来越有自信，它的确是个矿藏丰富的话题。在西伯利亚北部，在阿尔泰语系，包括在东南亚，有些语言区分了适用于女性和男性的话语。这意味着女性无权使用某些句法形式。而那些男性词汇是她们必须掌握的，以便传授给儿子。这很讽刺地反映了女性遭受的不公待遇，但这种不公真真切切地在语言形式中结晶和锚定下来了。

在英语数千年的历史里，女性只跟女性讲话。她们不能介入男性对政治、社会和神学的讨论。当时的女性必须养成引述、用典和理解他人的习惯，这些有机的习惯内化成了她们的属性。直到晚近，女性才参与一般的话语。我亲历过这样的英国，在剑桥或牛津，女人们用完甜点后就必须离席去另一个房间落座。男人们则聚在一处谈论政治和"正事"。谢天谢地，这种荒诞的习俗现已式微。但想想看，牛津和剑桥的某些学院——这样的情况越来越少——每逢重大的节庆晚宴，男性身穿晚礼服，围在高台上的长条餐桌旁用餐，女性则只能在走廊里逗留。犹太会堂也是此种情形，我常拿这件事调侃他们。

女性话语深深植根于女性与孩子相处的经验——这种经验男人无法完全体会——以及性爱经验，这毫无疑问。话语中的唐璜症（donjuanisme）早就有人研究过。关于这一点，女性很有发言权（我听闻一个女性做爱时使用的语言并非她自己的语言）。这件事同样属于另一个星球。

小说在很大程度上变成了女性的专属领域。小说被女性统摄。具体说来，小说本身就是一个多语种的形式，能表现不同话语和词汇的层次。弗吉尼亚·伍尔夫敏锐地意识到并探讨过这一点。当代重要的女性小说家们也察觉了性别差异引起的不可理解性；总有一方是晦暗不明的。说到底，我们很难彼此理解。那些白痴而低俗的笑话，诸如"女人说不要的时候，意思是她要"之类的，都有符号学的基础（这个词或许不合适，但也找不到更好的了），一个真实而深刻的基础。事实上，言语交流中的大多数时刻都是——法语里有个说法——"聋子的对话"。很多男人都有孩子气的情欲（"没人理解我"），一种对越来越强势的女性话语的深深怨恨。谁能预见到最后在竞选中决胜负的两方竟是两位女强人——希拉里·克林顿和康多莉扎·赖斯呢？她们的魅力远胜于可怜的男性参选者。其他国家的情况也类似，女性地位的提升会促进政治话语和新的社会学话语的解放。哦！那将是伟大的冒险。

我坚信伟大的艺术为痛苦或不公提供了诸多补偿。这就引出了一个极其棘手的问题：女人为什么不能创造更多东西呢？

阿德勒：因为男性不允许她们这样做。

斯坦纳：不对！没人阻止帕斯卡尔的妹妹去创造。她学过数学，但不是她，而是她哥哥帕斯卡尔在九岁的时候重新发现了全部欧几里得定理。不不，情况复杂得多。今天，英国和法国都有一些杰出的女小说家。女性运动只会让这个群体越来越庞大。至于诗歌，唉，女诗人的确比较少。但有两位是我们不得不敬佩的：阿赫玛托娃和茨维塔耶娃。我有一个看起来很傻的假设：如果能够创造生命，能诞下一个孩子的话，美学、道德和哲学上的创造很可能就显得微不足道了。但只是假设。有些女性听了可能会暴怒，她们不接受这样的论调也是有道理的。未来几代人里会出现伟大的女性吗？在科学领域这还是个未知数。剑桥（它和麻省理工、斯坦福一样拥有全球顶尖的科研实力）在所有学校招收天资聪颖的年轻女性。该项目受到了政府支持，政府为她们颁发奖学金……我必须赞同此类创举，毕竟她们的处境相较于男生还是更艰难的。

阿德勒：在您的国家，女性很幸运，因为我们法国的女生往往要靠边站。

斯坦纳：我们也在尝试，不断摸索。

阿德勒：英国人明显比法国人更女性主义。

斯坦纳：她们刚入学时成绩很突出，后来就开始滑坡，也不知道原因何在。这是个很令人激动的话题，它再次提醒我们，社会心理学和集体心理学的理论工具依然很初级。一套依旧很简陋的工具。我们从涂尔干大师身上究竟学到了什么？创造——这意味着"我要改变这世界"——的胚胎和病毒起源于哪里？或许原因是女性掌握了太多常识？无论笛卡尔怎么说，常识终究没被分配到它该去的地方。常识确实是天赋的敌人。常识削弱了非理性和傲慢。

阿德勒：乔治！您这是大男子主义啊！

斯坦纳：没有，我只是尊重事实罢了。我还在等待转机。等待转机。

阿德勒：您还在等待，但我们过去和现在都有伟大的女性创造者。那好——我下面的话可能让您不高兴——您说女性没有创造力无非是因为她们具备了生孩子的能力，这阻碍她们成为创造者；为了重审您的假设，我要提到三位女性哲学家。凑巧的是，她们都没生过孩子，这究竟是巧合还是一项必要条件呢？不管怎样，她们都不想生育。我指的是汉娜·阿伦特、西蒙娜·德·波伏瓦和西蒙娜·薇依。对此您有什么话说？

　　斯坦纳：您的判断我没法接受。很不幸，我跟汉娜·阿伦特碰过面……我认为她能称得上一流的作品极少。一位写了厚厚一本书论述极权主义起源的女人，却对斯大林不置一词，就因为她丈夫是真正的共产主义 – 斯大林主义者？不，谢谢。

　　西蒙娜·薇依？戴高乐将军说："她疯了！"您很难反驳这个论断。她写的某些东西倒是挺不错……

　　阿德勒：但您经常读西蒙娜·薇依……

　　斯坦纳：她写过一些出色的东西，但数量很少。好吧，原谅我盲目而浅陋的偏见。一个在奥斯维辛时期拒绝进入天主教堂的女人，说自己犹太血统太纯？不，谢谢。这不可宽恕！如果末日审判降临，这位女士的日子可难熬着呢。第三位您说的是谁来着？

　　阿德勒：西蒙娜·德·波伏瓦。

　　斯坦纳：了不起的女性。她跟萨特先生在一起何其有幸……何其有幸！真是一个充满智慧的选择……

阿德勒：我倒觉得让－保罗·萨特非常幸运。

斯坦纳：这完全有可能……当然，我非常欣赏她。不喜欢她的人肯定也有。但为什么在机会更开放的科学领域（美国就非常积极地激励女性），却看不到更多女性的身影？说什么诺贝尔奖评委会全是带着偏见的大男子主义者……不，这不是一个能让我信服的理由。我们一直在各类科学的尖端领域寻找女性的身影，我们一直为菲尔兹奖（相当于数学界的诺贝尔奖）搜索女性得主。有些同事跟我说，这件事真的令人费解。未来的情况可能会好转。

阿德勒：在您 2008 年出版的《我没写过的那些书》里，有一章谈及爱和女性，您说人类历史上女性贡献的创造力并不高。但假如您一路未曾遇到那些您爱的女人、爱您的女人、与您关系亲密的女人，以及通过爱的行动教会您一些语言和存在之意义的女人，假如没有她们，您能像今天一样拥有充沛的创造力吗？

斯坦纳：您说得非常对，但为什么没有一位女卡萨诺

瓦去撰写一本书，讲述方程式另一端的故事呢？这样的书
不存在，因为时机未到吗？我们用不着谈论一些法国女作
家写的情色文学，它们无非是稚气的下流话。下流话本身
也可以既有趣又复杂，某些伟大的作家做到了。但我曾试
图证明语言中的唐璜症，而每种语言都有不同的禁忌、不
同层次的俚语（跟性相关的隐语极其丰富），且各种语言
形成了与其他语言截然不同的综合的经验。这是一场无止
境的探险。我说过一句至今都很自得的话：同步翻译就是
性高潮。反之亦然：性高潮——其实很难抵达——就是同
步翻译。每当这曼妙的时刻，我和身旁的女性共享同一种
语言。这并不意味着那一刻我们达到了性高潮。我想说的
是，翻译行为同样具有非常复杂的色情的一面。

阿德勒：别把话题转移到智识领域，回到您在书里
直接面对的性的话题。我不知道苏珊娜究竟是谁，但您和
苏珊娜……做了一些……事情："标枪，爱的长矛，软管，
神经，进入……骑乘太无聊，0.5 分都达不到。无论进入
可爱的小穴还是毛茸茸的小穴都能得 3 分。如果以恰当的
方式进入她，再加 1 分。然后，苏珊娜几乎赤裸着准备布
列塔尼菜肴，海的气息和少量的白兰地对她不再是秘密。"

随着您平静地挺进，您也越来越硬。

    斯坦纳：但我也很愉悦。有人说愉悦并非我的强项，那是错的。另外不妨想想纳博科夫的话："能讲述真相的只有虚构。"这句话值得留意一下。

    阿德勒：是是是……您说的是洛丽塔，但我想回到我对面的这个乔治。

    斯坦纳：不，这一章当然有很多虚构和寓喻的成分。

    阿德勒：但这部最新著作是题献给您妻子的，意图是忘掉所有的苏珊娜。不只是苏珊娜，还有 A. M.，她能享受到的待遇只限于首字母缩写。"A. M. 为她炽热的灌木丛感到骄傲。花园是爱的巫术施行时的背景。我的舌头首先要轻轻拂过，只是轻轻拂过裸露在外部花瓣上的露水。紧接着，像一段慢节拍那样缓缓进入，伴随着几乎无法承受的轻盈。于是紫罗兰花变得……"我读不下去了，因为……

斯坦纳：但的确很美。

阿德勒：何必花这么多时间跟我们讲这些呢？

斯坦纳：我写完《巴别塔之后》，关于语言唐璜症的章节就已构思好了。我一直没发表，是因为牛津大学出版社当时不准我那么做。但我一直梦想着能将它出版，等我不再在意别人看法的那一天，我就对自己说："好了！微笑一下，笑一笑！在你的回忆中独自微笑吧。"至今唯独卡萨诺瓦能为我们提供相关的素材，他真正体验过多语的爱（amour polyglotte），这的确罕见。纳博科夫也体验过。我最近重读《爱达或爱欲》，发现纳博科夫有几处非常绝妙地写到了多语种的性欲——他也体验过，而且很深刻地体验过！唉，伯吉斯的作品里没有，他能说三种语言并且对爱情的理解很透彻，不过是以别的方式。

有些比我伟大的作家也触及过这个问题，但我一度希望我的作品能把人逗笑，希望人们为一位长期被指责过于隐晦的作家会心一笑。

阿德勒：我们不仅笑了，而且被您深入剖析的情色经验——我不是故意玩文字游戏 [1]——深深吸引了，吸引我们的还有您在作品中深化的一个关键主题：性和语言的关联。

斯坦纳：没错，这广阔的领域几乎还没人"轻轻拂过"。对于所谓副交感神经系统（作为神经系统的组成部分，它能把一部分性欲传输给大脑）和激发语言的大脑中枢之间的互动机制，我们知之甚少。不过，人类是语言动物，人类的性欲被语言元素所"填满"，很难再向其中增添新的元素……即便是大作家，也很难对一个文明体系的情色语料库进行补充。普鲁斯特做到了，他发明了一个短句："做卡特兰" [2]。一切都变得不一样了。纳博科夫也凭借《洛丽塔》做到了这一点。结果，每个街角都出现了洛丽塔。但以前从没有人看到过她们。这是对感受力实施的最成功的发明之一。但我们很难再以这样的方式在感受力的目录中，在人类感性中，在语言感性中补充新的体验情欲的可能性。

1　"深入的"（pénétrante）的词根就是"插入"（pénétrer）。

2　在普鲁斯特的作品中，兰花是爱的象征，而卡特兰是作者最喜欢的花种。《斯万的爱情》中的短语"做卡特兰"就是"做爱"之意。

有一些护身符般的语句让我们直接与生命相连。对我来说，其中一个例子便是勒内·夏尔的"宁静的抽搐"[1]。它准确说出了爱的一些瞬间：宁静的抽搐。在夏尔之前，没有谁能把这两个词并置在一起。它真正定义了爱情中的幸福。张力，平静——而这份平静并不平静。发现这件事的只能是天才。

阿德勒：在您书写爱、性欲和语言的那一章，我们感觉到，如果爱的动作并不伴随着话语，似乎就很难在其中感受到愉悦和快感。

斯坦纳：我提过一个问题：聋哑人的性生活是怎样的？但没找到答案。我可以列举好几篇关于盲人的重要论文，这些研究基于一些亲历者有趣的陈述。但我没看到关于聋哑人的。他们怎样对彼此"说"？可以确定的是，有很多个体，甚至可以说有几百万的个体，都是在沉默中体验性行为的。这非常有可能。这是我的推测，没有明确的证据。不过对有幸受过一些教育并有一定审美判断的人来

1　参见《致一种抽搐的宁静》(À une sérénité crispée)，1951 年版。——原注

说，这怎么做到的呢？普林斯顿高等研究院的年轻数学家们到了晚上才回家，跟妻子丝毫不谈论自己的工作。一个字都不谈。但其中一位妻子曾经跟我解释说："在床上做那事儿的时候，我能辨别出哪些白天他发挥出了创造力，哪些白天没有，这是唯一能了解的方法。"有道理，一套非常诚实的推理。当然我们有可能让他人感受到喜悦、沮丧或者悲伤，但其中有些极端情况让我很感兴趣：就是关系亲密的人之间没有共同话语的情况。

阿德勒：我想到了您曾经谈论象棋的一句话：无论在世界哪个角落旅行，你都能随意走进一家酒馆，立即找到一种语言。

斯坦纳：您想想看，象棋的规则是确定的，既不需要翻译，也不需要自我介绍。这种分享是匿名的，绝妙的匿名性，瞬间相通的联系。至于欲望，没错，它可以沉默无言。谁都知道什么叫一见钟情。不需要解释。一个眼神、一个手势就决定一生，这件事是有可能的。

阿德勒：沉默的语言这个问题您在《思想之诗》里直

接探讨过。"沉默"究竟是什么意思？

斯坦纳：在我最初的几本书，尤其是《语言与沉默》里，我试图理解话语无法进入的地方究竟发生了什么。我们谈论过"沉默的声音"中有两个重要类别——数学和音乐。我年轻时在普林斯顿有过一段对我影响至深的经历：我透过门缝，看到一群数学家在黑板上快速演算，用一种令人眩晕的速度写下拓扑代数的公式。其中有日本人、俄国人和美国人。一种绝对的安静。他们说不同的语言，很难在语言上彼此理解，却能在寂静中完美地倾听到对方的思想。这对我来说是莫大的启示。

很多交流都发生在言说之外，或超越于言说。马拉美就试图让我们理解诗行与诗行间巨大的空白。音乐中有些沉默也很关键。我也曾试图更好地理解为什么有些事物不需要被说出。纳粹大屠杀时那段无可比拟的经历，以及情欲和语言的某些瞬间，都是我一直努力探寻的主题。

每种语言都有自己的情欲和带着性意味的隐语，每种语言都有自己的情色俏皮话。但有些人说，在真爱中占支配地位的应该是沉默。有些文化传统看重情色表达，而另一些文化中，类似的表达则成了禁忌。我一直都着迷于言说的可能性和爱的、快感的可能性之间的交流。我们很难给一场大型精神运动界定出一个准确的时间上的起点，但我想说的这场运动大约起源于 1910—1912 年，那是一个下午，在著名作家弗吉尼亚·伍尔夫和她姐姐瓦妮莎（她们当时是伦敦的两位美人）的父亲家里。幽默、聪颖、爱讽刺的作家利顿·斯特雷奇来她们家喝茶。瓦妮莎穿着一件非常迷人的白色夏裙走进房间。裙子上有一小块污渍。于是作家用了"精液"这个词。据我们掌握的材料，这是"精液"第一次在有教养的布尔乔亚圈子被公开大声地说出。这不可想象。从那一刻起，一切都变得可能了。

语言危机有一部分是与现代的性解放和禁忌密切相连的。有些问题在今天的语境下很值得探讨：什么是禁忌？什么是不合法？什么应该被抵制？

阿德勒：2011 年出版的《思想之诗》这本书里，您提出了一个事实上支配了整本书的问题："哲学是未被说出的东西吗？"在语言和沉默的辩证法里，您如何给哲学定位？

斯坦纳：我一辈子都嫉妒数学家和音乐家。为什么？

因为他们运用的是真正普世的语言，我们反复提到了这一点。

语言的问题在于，我们每时每刻都借助翻译。当我跟您说话时，我们一直在同一种语言内部对事物进行翻译：我们希望能理解对方。每个人对同一些词语的使用不可能完全相同。有多少人类个体，就有多少种话语。我曾问自己：一个哲学家追寻的终究是普世的真理，他如何去应对语言对他的抵抗？我相信，在这个问题上，哲学家会与伟大的作家们相遇。反过来，与语言搏斗以及向我们讲述他们的搏斗的人——每首诗都是一次与语言的搏斗——将会遭遇哲学家的问题。《思想之诗》这本书是我终生思考的结果，因为我同时生活在哲学家和某些伟大的诗人中间。

法国有非常辉煌的思想家传统，一些思想家同时也是最伟大的作家，有的作家是所有哲学家都必须认真对待的。比如说——您可能要笑话我，我提的都是老掉牙的东西——我很倚重阿兰[1]的思想，他依旧对我影响至深，并未过时。他也经常说："读司汤达或巴尔扎克，就是在做哲学。"我们还会联想到对我们青年时代影响很大的那个男

1　法国思想家、散文家埃米尔－奥古斯特·沙尔捷（1868—1951）的笔名。

人——让－保罗·萨特。萨特先生的理想是什么呢？"我想成为斯宾诺莎和司汤达！"野心未免太大，但他的确在靠近他们。

阿德勒：萨特既然除了法语不会讲别的语言，那他怎么能成功构建起他那非常可观的哲学、文学、智识和政治性的著作序列呢？这似乎是您的巴别塔理论没法解释的一个反例。

斯坦纳：笛卡尔凭他的拉丁语做到了这一点，莱布尼茨靠的也是拉丁语。做一个单语者并不一定妨碍他具有普世性。这是文学和哲学天赋中的一部分。但请注意！萨特那些厚厚的哲学书还有谁在读呢？就算在他那个时代，又有谁读过他呢？

阿德勒：我自己属于读过萨特的那一代人，很多别的读者也读过。

斯坦纳：是的，但在国外没人读。萨特的存在主义有一股巴黎腔调，一种绝对的本土特征。当然，你可以说，本土就意味着居于核心。很好，但这不是百分之百的。加缪的世界影响力无疑比萨特大得多。我们忘了《鼠疫》和《西西弗神话》在世界范围内被广泛翻译，在中国和日本，在东方语言和非洲语言中……加缪的作品有另外一些东西，具体说来，就是叙事者的天赋，神话创造者一般的天赋。

阿德勒：所以，在 20 世纪那场促使两人反目的论争中，您站在加缪那一边？

斯坦纳：不，这两个人都绝对是要读的！而且，首先应该读梅洛–庞蒂，他代表了思想的率真和正直，代表了最根本的诚实——这些品质在萨特那里并不总能找到。

阿德勒：如果我没理解错，数学、音乐、某些形式的思想之诗的力量在于它们具有无需语言的媒介，也不必借助翻译便能到达每个人的那种普遍性。必须被翻译，这是不是意味着一种虚弱？不过，所有东西都可以被翻译吗？

斯坦纳：一件真正的作品应该拒绝被翻译，虽然有一些例外情况。如果《哈姆雷特》在一座疯人院用斯瓦希里语上演，可能会产生强烈的、令人信服的奇妙效果。莎士比亚可以被翻译成所有语言。在我看来，日本拍摄的关于莎士比亚的电影比我们自己拍的更有意义，也更深刻。不过，有些文豪没法被翻译。所有俄罗斯人都会含泪告诉你："就算读着最漂亮的译文，你也永远没法理解普希金的哪怕一个词。"确实，有些很伟大的诗人很难翻译，包括一些散文家。

但凡伟大的作品，你读到最后，它都会神秘地对你说："必须重读一遍。这是第一次尝试。重新尝试一次。"贝克特，成功阐明了一切的贝克特——我们爱他到了疯狂的境地——便写过这样的话："必须更好地失败"。每每遇到新尝试，下一次我都会更好地失败。我常对学生们说：要试着在下一次阅读中更好地失败。

阿德勒：听说您教莎士比亚这门课的时候，曾把他的作品吟诵给学生听。是真事儿吗？

斯坦纳：教莎士比亚就需要每节课都强调一遍："女士们，先生们，这是戏剧。"在高校的大型研讨课上、在大会议室里教莎士比亚？他会被这种想法吓到的。莎士比亚在我眼中是个无与伦比的演员，一个会对电视机感到亢奋的剧作家。想象一下，莎士比亚会用电视机做什么！他是个没有止境的戏剧人。他会不断地从头再来，为同一场戏制作五个不同的版本。我们讲授莎士比亚，往往是不自然、非常人工化的。什么意思呢？每一刻我们都必须想着去"演"。我们要演一场戏，然后静静地、逐字逐句地斟酌所有可能的版本。

伟大的戏剧演员就是最伟大的批评家，或者是像彼得·布鲁克那样的伟大导演，他们才是阐释莎士比亚的大师，教授们不是。戏剧性的维度，以及电影提出的瞬间性的问题，都不会让莎士比亚吃惊。但面对着自己作品改编成的两万五千个版本，他会深感震撼。

一切都变了，都变了……但文学没变。当贝多芬说出"我是贝多芬"，一切就变了。莎士比亚从没说过"我是莎士比亚"，他可能是最后一个不知道他是谁的人。多幸运啊！他不知道自己是莎士比亚。创作者（*persona creatis*）或者说凭自己私有的内在天赋去创世的提坦巨人的出现，是非常晚近的现象，是浪漫主义的产物。从浪漫主义以来，我们就很难想象那些伟大的作品可以是匿名的。"荷马真的存在吗？"是一个毫无意义的问题。

作品就摆在那儿，让莎士比亚快乐和感动的是有些东西从他的剧作中幸存下来，而不是自己成为全面的天才。莫扎特的情况不是很明朗，我想问："莫扎特怎么看待莫扎特？"不知道。但贝多芬一旦走进历史，天才和巨人的角色就成了必需品。只消去巴黎看看罗丹塑造的巴尔扎克像就明白了。这座旷世雕像，在对普罗米修斯式的巨人人格进行现代发现之前，是无法想象的。顺便说一句，莎士比亚没有宏伟的纪念碑，连正儿八经的雕像都没有。仅有两幅正式的肖像画，大家也不确信是真的。我们不知道他到底长什么样子。一无所知。这很迷人，但这大概是伟大作品的匿名性得以存留的最后时刻了。

我们经常说，文学和美学作品是独一无二的。我不知道事实是否如此，我不敢确定。很可能是这样吧。我们无法想象另一个兰波、另一个马拉美。一旦我们进入现代性，伴随着创造的神经官能症和兰波的呼喊（"我是一个他者"），我们就无法像科学家那样断言："如果我不发现，将来也会有别人替我发现。"在科学领域，集体工作是莫大的幸运。即使是一个完全平庸的科学家——相信我，存在这样的科学家——只要能身处一个优秀的团队中，随着

电梯上升、飞毯起飞，自然会被带到高处。或许下周一我
们就能了解到这周一还不了解的东西。科学的箭矢射向的
是未来。但我们的学科恰恰相反，授课内容的 90% 都来自
过去。

« Dieu est l'oncle de Kafka. »
Du Livre aux livres.

"上帝是卡夫卡的叔叔"
——从圣书到书籍

阿德勒：如果说您全部的作品都透露出一种迷恋——它既是折磨又是咒语——那就是对书的迷恋。迷恋书的重要性，迷恋书的传承之于文化的重要性，迷恋书对我们日常的、精神的、形而上的存在的重要性。书始终在哺育我们。我想，对您来说，只存在唯一的一本书。

斯坦纳：对马拉美和其他人来说也是如此。在盎格鲁-撒克逊文化中，《圣经》显然是无法回避的参照物，我一开始读的就是伟大的钦定本。然而，这些年来我最终意识到自己远远高估了书在人类生活中的重要性。

我要解释一下。我们知道，在这个地球上，没有任何一个社会脱离音乐而存在。即使是处在经济或政治发展初级阶段的社会，即便是戈壁沙漠中的赤贫社会也有音乐，而且往往是很复杂的音乐。但书面文学并非如此。

世界上的书面文学数量很少，远不及口传文学的数量。荷马其实与福楼拜、乔伊斯非常接近。他之前的两万年，人们已经在讲故事，这些故事后来成了荷马史诗的基础。

书写是晚近才出现的现象，是高级文明的一部分，这里指的主要是欧洲、斯拉夫和盎格鲁-撒克逊文明，当然，也包括中国和日本的一些重要篇章。但在世界范围内，传授宗教、叙述记忆的天然形式是口传文学。人们说话、交谈，记忆是一座庞大的图书馆。

从历史的角度看，书面文学是晚近出现的，它向上可追溯到古巴比伦的伟大史诗《吉尔伽美什》，向下差不多延续到了今天。不过我们还不清楚人类是否会继续阅读，随着现代电子信息技术的发展、电子档案馆的出现，它们的记忆能力比人类对文学、语法和词汇的记忆力要高出百万倍。

阿德勒：在您看来，伟大的作品、伟大的文本意味着什么？这些作品何以经久不衰？

斯坦纳：伟大的文本可以等待几个世纪。我想起瓦尔特·本雅明在那篇出色的文章中说的："不必心急，一首伟大的诗可以忍耐五百年不被阅读和理解。"书籍终究会到来，处于危险中的不是书，而是读者。伟大的文学文本包含着再生的可能、不断追问的可能，但它并不会在那儿静静等着成为大学研讨会的材料，或一份被解构的文件。那是本末倒置。渺小的我并非把莎士比亚当托词，而是用一生去试图阅读他，满怀激情地解说他，不断回到他。正如伟大的音乐与绘画艺术，伟大的文学作品是取之不竭的，它们于生活的每个时刻都在你的内里发生着变化。我因此充满激情地沉迷于背诵，甚至招来别人的厌烦。

没人能拿走我们牢记于心的东西。它和你在一起，它生长，它变化。你自高中时代背诵的伟大文本与你一道改变，随着你的年龄、所处的环境而改变，你会以不同的方式去理解它。没人能说这是一项随随便便的练习，或仅仅是一种语言游戏。我想肯定不是这样。

阿德勒：您提到过一个我们必须总是保持敞开的行李箱，以备随时离开去别处重建另一种生活。在这个箱子里，可能装有《圣经》。您能背诵《圣经》，也曾撰书研究过它，它包含着一些未解之谜。比如，您喜欢评论《圣经》里的这段话：耶和华出现在摩西面前，命令摩西转身，趴在石头的凹陷处。因为您从中发现了一些特别的意涵。

斯坦纳：《圣经》里有很多原始的、远古的神人同形现象。我们可以把《圣经》里的恐惧和疯狂都挑选出来，做成一个选本，事实上已经有人这样做了。《约书亚记》是很难解读的，它残留着种族主义仇恨和好战式仇恨的烙印。《圣经》里经常有这样的东西。虽然有可能被嘲笑，但我还是承认：我不信教，我在很大程度上是伏尔泰的信徒——我父亲也是——我不理解《圣经》中的某些文本是怎样为我们所知的。我无法……我不理解在《约伯记》中，在《传道书》的一些章节和《诗篇》的许多赞美诗中，上帝的话是怎么被想象、被说出和被写下来的。难道我们可以设想一个人写下上帝在《约伯记》中所说的话之后，等着吃午饭或者去喝茶？没有别的可能：肯定是一个男人或女人写下了它。但我想不通。我很羡慕那些原教旨主义者，对他们来说这个问题压根不存在，《圣经》就是上帝声音的口授。我知道这绝对是荒谬的，但我无法提供给他们一套理性的、认知层面的分析，或哪怕有一丁点价值的解释。在《新约·罗马书》的第九章到第十二章，圣保罗（犹太新闻史上最伟大的犹太记者）讲了一个绝妙的故事，对它的解读有成千上万种，每一种解释都重申了"人在大地上存在"这个总体性的问题。但我不去谈它，因为我再次听到原教旨主义者说"神启是存在的"，就像拔摩岛的圣约翰说的："那是上帝的声音在跟我说话。"我无法回答。甚至连马丁·海德格尔也不能用他那与"存在之存在"相关联的语言的直接性来帮我解决这个问题。他声称我们可能在前苏格拉底时代之后就失去了这"存在之存在"。多谢，海德格尔先生。但这只是个玩笑，因为它要追溯到七千年以前——它什么也不是，它在人类的生物心理史上只是匆匆一瞬。并没有一丝证据表明我们的语言人格（personnage linguistique）和语言灵魂已经改变，他所说的"存在的太阳"已在某个特定的时刻西沉。

所以，在这个问题上，我很容易遭受责难。但我绝不会弃之不顾，因为《旧约》和《新约》中有一些时刻——用最朴素的话说——是超人类的。

阿德勒：您经常读《圣经》吗？

斯坦纳：经常读，因为它包含那么多无与伦比的诗篇、反讽……以及费解的东西。《传道书》中几乎每句话都是格言，而每条格言都是一部完整的作品。我喜爱其中卡夫卡式的反讽，喜欢上帝开的玩笑，当约拿对他发火的时候："你让我去尼尼微城对他们解释他们即将灭亡的命运。但你又改变了主意，让我犯错，在这里像个傻瓜似的。你怎么能这样对待我？"这很不错！这是每一个权威、每一个领袖、每一个教授、每一个法兰西学院院士发出的怒吼！从一开始，这就是人类智慧的极端自负（egomanie）。上帝在戏耍他，也宽恕了尼尼微城的人。多幽默啊！约拿的喊叫，他对被揭穿的愤怒——那是因为凶事预言家失业了。这样的时刻不会让你大笑——《圣经》里鲜有大笑的场合——但会让你微笑。在我看来，微笑比大笑有趣得多，也复杂得多。

《圣经》是取之不竭的。我喜欢反复读一些历史性的片段。比如扫罗王拜访隐多珥的女巫一幕，在她作出关于他、他的军队、他的灾难和他的死亡的预言之后，这一幕就这样极为简洁地结束了："他们吃完，当夜就起身走了。"从此，我们有了整个西方文学，有了《麦克白》……每当我重新翻开一节，我告诉自己："这里面还有新东西！"《圣经》蕴含着巨大的财富。我对当今教育——我将其定义为有计划的健忘症——抱有的最大遗憾之一就是：对《圣经》的了解和阅读越来越少，不然就是把它当作教理书，这无疑是最糟糕的事情。我们忘记了我们在多大程度是这个文本的孩子，忘记了它在西方历史上的重要性。

阿德勒：您刚刚暗示了"阅读"这一行为在未来的命运具有不确定性。您认为书和阅读会在未来面临危险吗?

斯坦纳：读者永远都存在。即便在中世纪"蛮族"入侵的时期，修道院成了庇护所，人们仍然在那里阅读。我们不能确切地知道有多少修士识字，但总有那么一些能阅读的人。不过，能写作的人极少，几乎没有。

然而，成为"文人"是非常没有保障的。文艺复兴、启蒙时代和 19 世纪是他们的高光时刻、黄金时代。私人藏书馆——我们可以想到蒙田、伊拉斯谟或孟德斯鸠的——成了非常罕有的奢侈。今天的居室已经不允许大规模藏书了。那是一种例外状态。今天，在英国，小书店如噩梦一般地一家家倒闭。在意大利这个我喜欢的国家，从米兰到南方的巴里，一路上只有报刊亭，看不到严肃的书店。在意大利，人们不读书。在西班牙和葡萄牙的乡村，人们很少读书。在天主教统治的区域，阅读从不受欢迎。

阅读是高等布尔乔亚的一种形式——这个词用起来很危险。在某些时代，阅读、通过阅读来教育的理念迅猛发展，并创造了诸多奇迹。比如，19 世纪时，一些现在已被经典化的作家（维克多·雨果、狄更斯）是畅销书作家。

在俄国，阅读就意味着人道地、政治地生存着。在专制国家或政治"落后"的国家，伟大文学与审查之间的关系是复杂而有创造性的。

今天，有人对我说，"年轻人不再读书"或者只读文摘（digests）或漫画。我们的考试，即使是大学的考试，越来越基于选定的文本、文选或获得《文摘》奖项的作品。"读者文摘"这个传遍全世界的词是非常可怕的。而且还设立了"文摘奖"。那是别人咀嚼、消化过的食物。出于礼貌，我们就不谈它是通过什么出口排出去的吧？好吧，我讲得太粗俗了。

阅读需要一些特定的先决条件。人们并未充分注意到这一点。首先，它需要非常安静的环境。安静已经变成世界上最昂贵、最奢侈的东西。在我们的城市里（二十四小时不停运转的城市，比如纽约、芝加哥或伦敦，夜生活跟白天没有区别），安静和黄金一样昂贵。

我不是在攻击美国。我的孩子在那里生活，我的孙辈们也是。这是人类的未来，唉！我不是攻击。他们的统计比我们的要可靠。他们最新的统计数字显示出什么呢？85% 的青少年如果不听音乐就无法阅读，由此产生了心理学家所说的"闪变效应"，类似于荧光棒的效果：当我们想阅读的时候，电视机就在视野的边角播放着画面。没人能在这种情况下阅读严肃的文本。只有在尽可能完全安静的环境，人们才能读上一页帕斯卡尔、波德莱尔、普鲁斯特，或者其他你想读的作家。

第二个条件：要有一个私人空间。房子里要有一个房间，即使是很小的房间，只要是能和书共处，只要是我们能在没有旁人的情况下跟书一起对话。说到这儿，我们触及了一个很少被真正理解的话题。音乐的美妙在于它可以和别人一起分享。可以一群人一起听音乐，可以和自己爱的人、朋友一起听音乐。音乐是一门分享的语言，但阅读不是。当然，我们可以朗读，而且现在应该鼓励更多的朗读。我们不再为儿童朗读，这是很可耻的事，而成年人的情况则更糟！19世纪的文学常常是为了朗读而写的，我可以举例说明：整页的巴尔扎克、雨果、乔治·桑，它们的节奏和结构韵律都是极为便于口诵的，要去听，去领会。非常幸运的是，在我还不理解（这是秘密），还无法完全领会之前，我父亲就已经朗读给我听。

所以，安静的环境、私人空间很重要，而我下面要说的第三点意见是非常精英的（我喜欢"精英"这个词，它仅仅是表明有些东西比另一些东西更好，别无他意）：**拥**

有书。大型公立图书馆是 19 世纪教育和文化的基础，对 20 世纪的心灵也构成同样的意义。但拥有属于自己的藏书，成为书的所有者，而不需去借阅，这很重要。为什么？因为你读书的时候必须握一支铅笔。

阿德勒：我感觉您把人分成了两种：拿笔读书的和不拿笔读书的。

斯坦纳：没错。我还要重复一遍：我们几乎可以把犹太人定义为"读书时总拿着笔的人"。因为他坚信，他会写一本比他正在读的这本书更好的书。这是我们这个小小的悲剧性民族在文化上的一种大傲慢。

要做笔记，要画重点，要跟文本竞争，在书页边缘写上："好蠢啊！这都是些什么想法！"没有什么比写在大作家边页上的笔记更有趣了，那都是生动的对话。伊拉斯谟曾说："没把书翻破就不算读过。"这有些极端，但其中也包含着莫大的真理。拥有一个作家的作品全集，就像家里请来一位客人，我们既对他表示感谢，也会原谅他的缺点，甚至会爱上这些缺点。几年过后，我们试图附庸风雅地、以某种权威性的傲慢去隐瞒我们错误的读解或阐释的痕迹。但这是最愚蠢的！我父亲带我们沿着塞纳河散步的时候，曾买给我一本若瑟·马里亚·德·埃雷迪亚先生的《战利品》——它只值几个苏，没人要买——从此诗歌的大门就朝我敞开了。我现在就随身带着我的第一本埃雷迪亚。时至今日，我仍觉得自己亏欠这位先生很多，虽然写的东西不自然、浮夸、学究气，但他不失为一位伟大的诗人。发现一本书，这会改变人生。我曾在法兰克福车站（这段轶事我时常提及）转车的时候——这就是德国：在报刊亭出售好书——看到一本书，作者的姓氏"策兰"是我没听过的。保罗·策兰这个名字引起了我的兴趣。我就在报刊亭翻开这本书，第一个句子立刻吸引了我："在未来北面的河流中……"我差点误了火车。从那以后，它改变了我的生命。当时，我就知道那里面有一种辽阔的东西即将进入我的生命。

从书本中得来的经验是最危险的，也最引人入胜。当然，书会腐坏，但这只是一个不便公开讲的笑话。书中有虐待狂，有政治的残酷性，有种族主义的教唆。因为我相信上帝是卡夫卡的叔叔（我深信这一点），他不会给我们简单的生活。萨特先生临终前——他不喜欢滥用夸奖，而这不算！——曾说过："我们中间只有一个人会继续活着：

塞利纳。"这话是萨特说的。当然，普鲁斯特和塞利纳将现代法语分成了两股潮流。再没有第三个人能与之比肩。作为作家的塞利纳：反犹杀手、流氓、灵魂上的黑帮（在私人生活里他不是这样，这无疑增加了复杂度），上帝允许他去创造一种新语言，然后再写出《一座城堡到另一座城堡》和《北方》（我认为是两本莎士比亚式的巨作），真是不幸。我怀着既感激又愤怒的心情。我试图远离一些恶毒的、破坏性的书。

　　我反对一切形式的审查，一方面基于明确的智识上的原因，一方面基于实际的考量。审查者不会拥有任何权威。不妨看看电影、电视、文学、漫画里的恋童癖，它已泛滥成灾。我觉得，对儿童下手是该下地狱的。"下地狱"，我指的是在您能想到的任何意义上：神学的、人文的、道德的、实证主义的、科学的。在这里，我也许乐意冒严重的审查风险。但它不会起到什么作用。这种行为非常愚蠢：你封禁一样东西，而它有一千万个副本藏在大衣下面流通。从亚当和夏娃的时代开始，地下色情出版就构成了我们历史的一部分。这不意味着我不想至少是试着去阻止这股在青少年间涌现的可怕而残酷的潮流。这是一场难以想象的大洪水。

阿德勒：比起文字，图片的形式似乎更加流行。

斯坦纳：用语言自慰是更加有力的。对一些人来说，词语比图像更有力，对其他多数人而言，图像或者两者的结合体更有力量。我父亲以魔鬼般的智慧将普鲁斯特全集放在书架上特别高的地方。其实他完全知道我会找到它。当然，我找到了。"做卡特兰"，我在试图理解这个短语的时候感受到了很强的震惊，它完全表现出了斯万对奥黛特的力比多。我的世界被改变了。眩晕。没有任何图像能拥有这种力量，因为我过去没有真正理解它。我不敢告诉您"卡特兰"这个词让我联想到了什么……

阿德勒：说说吧！

斯坦纳：那是一份财富，一份孩童的财富。它是一个黑仙女的童话，随便您怎么想。每个人对此的感受都不同。我想再补充一个尺度很大的问题，我们需要进行开放的讨论，因为我一点答案也没有：音乐是否会诱发倒错的虐待狂？这是很复杂的一个问题。

阿德勒：说到阅读，当您重读柏拉图或巴门尼德的作品（我知道您每天早晨都读巴门尼德），您对它持之以恒的阅读——就好像那是一份始终未向您敞开的文本——是以一种阅读犹太教法典的方式进行的吗？

斯坦纳：总会有新的惊喜出现。我们刚刚提到《圣经》的一些片段，也可以谈谈柏拉图的文本，以及笛卡尔的《第一哲学沉思集》；令人惊奇的是，像您和我这样的人不仅能思考，还能表达思想。对于成千上万因缺乏表达方式而消逝不见的思想，我们一无所知。但同时我也有一种怀疑，我常常回顾过去，这是否标志着年纪大了、疲倦与日俱增。今天，有一些重要的后结构主义文本、后德里达的文本，它们离我很远。很简单，我只是看不懂它们在说什么，在讲述什么。这是一个糟糕的标志，标志着一些注意力的肌肉疲惫了。因为注意力是有肌肉的，这毫无疑问，它属于神经生理学的范畴。注意力开始慢慢衰弱。但没关系，我已经历过一些美妙的时刻。

阿德勒：对您而言，阅读是不断尝试着与自己达成共识，这种尝试时而也会失败。同时，如果我没理解错的话，这也是一种道德责任。您在《逻各斯统治》(*Les Logocrates*)这本书里说，我们对书籍负有一种责任。这是怎样的责任呢？

斯坦纳：首先是物质层面的责任，即保存好它们。在萨拉热窝图书馆的火灾里，我们失去了一千六百份伟大的古代初有印刷术时出版的文稿，它们没有副本，等于是永远地遗失了。我们失去了所谓的"阿尔比派圣经"，它可能是关于人类真理的最伟大的文献之一。我们从未了解过它，再也找不回它。所以，责任首先就是让书籍能继续存留下去。

我们的第二项责任是里尔克在为卢浮宫的阿波罗半身像所作的伟大的十四行诗中所写的："看这半身像。它对你言说什么？改变你的生命！"书籍、音乐或绘画以同样的方式对我说："改变你的生命！要严肃对待我。我不是为了让你的生命变得更容易而存在的。"卡夫卡也是这样，他说书应该是一把斧子，能劈开我们内心冰封的大海，否则就没有阅读它的必要。这有些夸张；有时也需要读轻快的书，一些能鼓舞我们的、令人愉悦的书。但同样重要的是，我们之前已经说过，要在这种对话中对书籍给予回应。这件事变得越来越困难。我告诉您一个让我后背发凉的数字：在伦敦很不错的书店里，一本新的小说只能存留十九天。如果十九天后它还没在报纸、传媒上获得成功，书店就会宣布："抱歉，我们没地方摆放它了。"然后它会被退回，用来垫桌脚，或者以三分之一的价格出现在廉价商店里，或者直接被丢弃在大街上。

在今天，做一个年轻的作家、年轻的诗人、刚起步的小说家是很困难的，不需我多说，他们要冒很大风险。必须有钢铁般的意志。通往伟大作品的道路极其漫长。人们喜欢引用司汤达的一句话："我需要一百年时间。"他说得对，他是个有信念的人。但这样的悲剧太多了。评论家和教授最紧要的工作就是发掘那些被忘却和掩埋的东西。所以，在对抗全面商品化的战争中，对"书"这个奇迹我们要承担起沉甸甸的责任。政治审查和经济限制，哪个才是最糟糕的因素，这个问题很重要。

阿德勒：在圣书（le Livre）和书籍（les livres）之间建立联系的不正是一切创作的秘密，也就是您喜欢强调的对超验性的需求？

斯坦纳：懂得创作的人不懂得他们是如何创作、为什么创作的。是什么触发了伟大的创造？我不知道。上帝保佑我们在这个问题上免于神经生理学的粗俗，生物学家不会用突触的作用向我们解释灵光的来源。

在伯尔尼的一所幼儿园里，五六岁的孩子们被带去郊外野餐。老师把他们带到引水桥前，对他们说："画引水桥吧！"天哪，多么讨厌！一个孩子给所有的桥墩都画上了鞋子。从那时起——他当时六岁——全世界的引水桥都开始行走。他的名字就是保罗·克利。梵高的柏树也是这样：没有一棵柏树不是火把。他就是那个看到柏树变成了火把的人。另一个例子是，莫扎特通过修改萨利埃里[1]的一段美丽旋律中的三个和弦，赋予它一种崇高的气象。这真的很不公平。

这就是差异，我深知这种不公平的存在，我把它教给我的学生。我告诉他们："如果你们能成为创作者，那将是我至高的快乐。"从教五十二年间，我有四个学生比我更有天赋、更聪明、更强大，这是我受到的最高嘉奖。

1　安东尼·萨利埃里（1750—1825），意大利作曲家，莫扎特的对手。

将来或许会出现关于创作的神经化学，虽然我不希望如此。我们会明白毕加索大脑里哪些电弧促使他发起革命。直到今天，这仍是一个谜——但愿这个谜团会继续保留下去。

阿德勒：读您的书，听您说话，我们有时会产生这样一种印象：对您来说，文明的发展在 17 世纪就停止了；那时对人类和自己、和美感达成一致的可能性，有着包罗万象的感知。

斯坦纳：相反，作为批评者，我的大门对最现代的作家随时敞开，比如，我把策兰引介到英国。我常常阅读最年轻的一批人，并为他们扫除障碍。不过，如果一种文明没有超验的可能——被尼采称为人的"敬畏之谜"（*mysterium tremendum*）的东西，海德格尔（有所保留地）试图思考的东西——如果我们在其中不能再像维特根斯坦那样说："如果有可能，我会把我的哲学探索奉献给上帝！"，对我而言，失去了这种可能性的文明无疑处于极大的危险当中。

Les humanités peuvent rendre inhumain.
Le XXe siècle a appauvri l'homme
moralement.

———————————————

人文学科的非人性；
20 世纪使人道德败坏

阿德勒：在上世纪初诞生的人文学科中，有一门学科引起了您的尖锐批评，它就是精神分析。您对精神分析，特别是弗洛伊德的作品，抱有近乎神圣的厌恶。您能解释一下您与精神分析之间的关系吗？

斯坦纳：首先，您问了一个特别法国的问题。在英国，没有人在乎精神分析。英国在科学方面比法国超前很多，这解释了英国人对精神分析的冷漠态度。这个问题只有巴黎人才会提出。精神分析大概只在两座城市不算是笑话，即巴黎和纽约。这种现象背后存在着非常有趣的社会学原因。

我觉得，弗洛伊德是一位伟大的德语作家。他获过歌德奖，这个奖很重要，是对其作品的文学性的褒奖。他是伟大的神话叙述者之一，也是当时维也纳的一位犹太布尔乔亚贵妇的老朋友。但没人见过任何一位弗洛伊德的所谓病人。也没人见过任何被精神分析治愈的人。相反，正如卡尔·克劳斯说的："精神分析是唯一发明疾病的疗法。"好吧。这句话带着一定程度的嘲讽。

我在一本有关《安提戈涅》的书中写道，我认为，男人和女人的尊严在于有能力承担自己的痛苦。对我而言，通过花钱将它转移到另一个人手里的想法是疯狂的……
我赞同苏格拉底的观点，他很反感通过教育来赚钱的举
动。法语中有个表达是 "vider son sac"，意思是把自己包
里的东西放在别人手里，并为此付钱，这让我很恼火。这
意味着太把自己当回事了，这种自负不可原谅。此外，在
集中营或轰炸中，在战场上，在生活真正的恐怖之中，人
们不会使用精神分析，我们可以在自己身上找到几乎无穷
的力量和无限的尊严。让自己在没有上帝的情况下得到赦
免，这是不可能的（因为这是玩笑，是没有神父在场的忏
悔）……如果那些人相信上帝，至少他们可以说上帝是他
们的倾听者。这已经很不错了，上帝不需要像拉康一样按
每小时或者每五分钟计算诊疗费，不是吗？唯独在法国，
在有着《可笑的女才子》[1]的国度，才能允许这样的笑话
存在。

　　我认为人类的苦难既可怕又神秘，但它给我们带来了
尊严。在法语中居然没有与英文 "privacy"（灵魂的私人
空间、拥有内心的私人生活）相对应的单词，这难道不让
人惊讶吗？法语中的 "privauté" 是个被遗忘的词，而且它

1　莫里哀于 1659 年创作的喜剧。

并不完全指向同一个意思。

阿德勒："intimité"（亲密）这个词也不能充分表达这些意思吗？

斯坦纳：不能。因为"privacy"等于跟别人说："让我一个人静一静。"这意味着一种承担自己痛苦的责任。洛尔，相信我，我已经尽我全部的努力试图对我母亲产生性欲，并把我的父亲放在敌人的位置，但这种尝试完全不能奏效。我对母亲没有任何欲望。

阿德勒：您是在讲一个犹太笑话吗？

斯坦纳：我父亲直到生命终点都一直是我最好的朋友。而现在，我儿子是我最亲密的朋友。虽然我们有时在政治和社会话题上各执己见，但不同政见间的交流也让我们的亲情更加牢固，我们能够一起谈笑风生。所以，对我来说，俄狄浦斯情结这个想法来自对索福克勒斯《俄狄浦斯王》的误读。这只是凭空的创造，它的解读和现实完全不符。好吧，我试过了，但我无法进入这个世界。我也无

法相信这种情结。"展现他的俄狄浦斯情结"这个表达也
只存在于法语中。多么空洞而傲慢的漂亮句子！不，我不
曾"展现我的俄狄浦斯情结"……我并不是在否定弗洛伊
德理论的意义，当然，他是个巨人！这点我并不否认。他
深刻地改变了我们的文化。但如果今天私生活不复存在，
如果现在我们把性生活公开化，如果有电视节目将赤裸的
男女现场做爱的环节呈现给百万观众，如果忏悔和招认变
成了演说的条件，那么，弗洛伊德肯定要在其中承担巨大
的责任。讽刺的是，他曾是最像清教徒的人。他曾是最布
尔乔亚的犹太人。我永远不能忘记，这位伟大的先生在给
夫人的信中说道，四十五岁之后就不要有性生活，它是不
雅的。弗洛伊德最重要的话是什么呢？ 1938 年在英国流
亡时，出于对自己所属的文明正在衰落的恐慌，他疾呼：
"女人们想要什么啊？"对此，我的回答是（这又是一个
犹太玩笑）：为了提出这个问题，我们走了多少弯路啊！
我在阅读弗洛伊德的作品时并不是没有热情和感激，但我
一想到要去某人家里讲述自己的那些龌龊事……还是算
了，谢谢！

阿德勒：可以确定的是，您从未被无意识理论说服。

然而，我发现在《思想之诗》中您对弗洛伊德的评价要宽容得多，这是由于年岁的增长吗？很明显，您最近重读了弗洛伊德，尤其是他的《超越快乐原则》，您最终找到了一些概念的理解途径，比如对虚无的恐惧，或是已经被其他哲学家如克尔凯郭尔阐明的哲学概念。我感觉您与弗洛伊德的关系有所缓和。

斯坦纳：稍等，还有一件事可以当作玩笑，但它也很重要，因为涉及梦。诚然，梦中包含了潜意识以及性的元素，弗洛伊德用他伟大的智识在一堆乱麻中理清了思路。但它们包含的更多是偶然的历史情况。我给您举一个例子。1933 年到 1934 年间，柏林的一位医生在笔记中记录了一件轶事。某位病人来问诊时说："我不知道自己得了什么病，我抬不起右臂，感到非常痛苦。"这位医生便去请教弗洛伊德，而弗洛伊德的解释是，这是阉割恐惧的一个典型案例。哎呀！这明显是因为害怕在街上行纳粹礼嘛！医生听完后，对病人说："去学学笛卡尔的伟大的梦吧。"它们是植根于历史和日常生活事务的梦，与对母亲的性欲没有关系。

阿德勒：您在大部分论著里都发展了一种关于"人文"（humanité）一词词义变迁的理论。在《真实临在》一书中，您说您生活的时代见证了人的堕落，这种堕落越来越脱离恩典。您具体想说什么？

斯坦纳：试想当年波尔布特在柬埔寨活埋了不下十万男女老少的时候，全世界没作出任何反应。英国尽管了解当地的情势，依然向红色高棉出售武器。我们当时不知道奥斯维辛到底发生了什么，也很少有人听闻。了解实情的人真的非常少。但所有人都听说过柬埔寨的红色高棉，因为每晚都能在电视上看到相关的新闻。在这个世界，这个凭一人之力建立奥斯维辛和古拉格并将之编入法律的世界——大家想象一下，在列宁和斯大林政权下大概有七千万人牺牲——人的门槛、人之为人的底线降得极其低。为了证明这一点，我举个很简单的例子。面对电视或广播新闻里播放的最新的暴力事件时，我们往往深信不疑。我可以证明，这是个全新的现象。1914 年到 1915 年间，当我们被告知德国人割下了比利时人的双手时，一周后我们就发现这是一则假新闻，是拙劣的政治宣传玩笑。我们还能找到很多其他的例证。今天，没有什么是我们不相信的。一些暴行的报道可能是错误的，但这不是重点。原则上，面对这些报道，我们会想："啊！对……明天会更糟。"即便不算上我们在卢旺达扮演的角色，世界上依然有那么多角落充斥着暴力……在印度尼西亚，惨案每天都在发生。在缅甸，大人和孩子的生存状况堪忧。今天童奴的数量比人类历史上任何时期都多。在巴基斯坦和印度的工厂里有数亿九到十岁的孩子每天要工作十四个小时。我们却无动于衷。这就是我想说的，为什么我们做人的标准降低了。

这种人类与生俱来的野蛮就是我写的第一篇评论的主题。那时我大概十八岁。那篇文章的名字叫《悲戚的奇迹》。晚上人们弹奏舒伯特的乐曲，演唱莫扎特的歌剧，早上却在奥斯维辛、贝尔根 – 贝尔森或马伊达内克集中营折磨别人。起初，这种矛盾让我不解，为了更好地理解，我去寻求帮助。我试着通过学习找到问题的答案。不妨看看英式的实用主义，它虽然有些粗暴的常识和天真的成分，却追求合理性。英式实用主义认为，任何人都可以在短期内成为刽子手。首先，尽管有些实验能证实这个观点，但我不确定它的真实性。其次，我在想，这位刽子手与前一晚弹舒伯特的人会是同一个人吗？

我有幸认识阿瑟·库斯勒[1]，面对我的这些问题，他有些恼火地说："但人有两个大脑，后脑的伦理道德功能刚开始进化，大脑中还有一大片大脑皮层负责贪婪、残忍和暴虐。"我们并没有两个大脑，这完全是想象和虚构。因此这也不是答案。认为文明与暴力的并存只能发生在德国，此种判断绝对是错误的。其实它在任何地方都有可能发生。或许在我所剩无几的日子里，我都没办法找到令自己满意的答案。没有，没有什么解释能让我理解人文学科（人文学科，多么傲慢的表达！）中固有的非人性的一面。

所以我试着在我最近的几篇文章中（出来得太晚），运用我自己所称作的考狄利娅综合征，提出一种假设。考狄利娅是李尔王最小的女儿。一天下午，我跟学生们一起研究《李尔王》的第三幕至第五幕。当李尔王抱着他被杀死的孩子进门时，他喊了五次"永不"（"永不！永不！永不！永不！永不！"），这就是语言的终结。我总是尝试跟我的学生们一起朗读这场戏。我已经背下了这几场戏。因为背得滚瓜烂熟，它们也渐渐与我的生活交融在一起。但当我回到家，听到有人在街上喊"救命"的时候，我的耳

1　阿瑟·库斯勒（1905—1983），英籍匈牙利作家，著有《正午的黑暗》等。

朵也许在听，但我并没有听见。"听"和"听见"意义完全不同。我本应该冲过去帮助他，但我没这么做，因为街上真实的悲痛包含着一种无序感，也有一种偶然性，它与音乐、绘画或诗歌等经典艺术作品所描绘的具有伟大超越性的痛苦不同。凭借我六十年的教学经验和对文字的热爱，我不禁要提出假设：难道人文学科可以泯灭人性，使人走向极端吗？它们不但远未让我们成为更好的人（往天真处说），提高我们的道德敏感度，反而起到相反的作用。人文学科把我们与生活分离开，带给我们如此强烈的虚构感，以至于现实变得苍白无力。如果这是真的，那我已经迷失了方向。如何找到一种方法，可以阅读经典著作，鉴赏伟大的画作，聆听美妙的音乐，观赏精彩的戏剧，并通过这些艺术文化体验，各取所需，提高对人类痛苦的敏感度呢？我相信一定有办法，一定有人知道该如何去做，但我几乎没遇到过这样的人。

为了消磨两三个小时的时间，我们有时会在白天跑进电影院，我在旅行时常常这样做。走出电影院时，日光会带给我们一种不真实的、恶心的感觉。描述起来很复杂。我有时在想，当我们走出一场雄伟的艺术体验时，是否也有这样不真实的、恶心的时刻，阻碍我们成为实在的人？

我只知道一件事：所有的死亡集中营、斯大林劳改营和大屠杀并非来自戈壁沙漠，而是来自欧洲的高等文明，甚至来自最伟大的艺术圣殿和哲学中心，而人文学科面对暴行没有进行抵抗。相反，有太多伟大的艺术家欣喜地与非人道联合。

阿德勒：您提到了所谓的欧洲人文主义里的那些擅长憎恶的天才。

斯坦纳：对，一切尽在"所谓的"这个词语中。我们本来希望歌德的花园不会成为布痕瓦尔德集中营的近邻，但当我们离开歌德的花园，却发现自己身处集中营里。我们本希望伟大的音乐家们面对纳粹会拒绝演奏并表明立场："不，我不能演奏德彪西（就像吉泽金[1]在慕尼黑所做的），我听到了那些走向达豪集中营的人因为饥渴难耐而发出的悲鸣。"但事实不是这样，他们演奏了一系列童话般的音乐会，充满了音乐的深沉之美。毕加索有一个著名的玩笑。您还记得德军占领巴黎时那位来到他工作室的德

1　瓦尔特·吉泽金（1895—1956），德国钢琴演奏家、作曲家，其演奏的德彪西拥有传奇式的地位。

国军官吗？军官看到《格尔尼卡》之后问道："这是您画的？"毕加索回答："不，先生，是你们画的！"很精彩的回答。然而，当古拉格劳改营和斯大林大屠杀尽人皆知的时候，这位毕加索却帮着斯大林辩护。

因此，对于我这样的小人物来说，最好是努力让自己耳清目明，但不能站在道德制高点上宣称："这就是答案！我懂了！"在我生命的最后时刻，我只能说："不，我还不明白。"

阿德勒：我们如何对付这种不人道的行为？

斯坦纳：哦，方法有很多。人们可以对缅甸的小法西斯暴君说："如果你还不停止暴行，还不允许在选举之后建立代议制政府，我们就把你压垮。"我们可以对苏丹说："因为你屠杀了在沙漠中挨饿受冻的人，你会被炸死。"与极度暴虐的和原始的政权相比，大国的力量是无限的。我们能做的有很多。比无所作为看上去更不可原谅的是，今天的我们知晓一切而仍然无所作为。我们知道在关塔那摩发生了什么，我们知道是谁折磨了谁。我们录制受害者的哭声，就像为了制作下一集肥皂剧一样。我们反复地被告知各种暴行，直到感到恶心为止。

阿德勒：事实上，恐怖和绝望的图像充斥在我们身边，我们对此无能为力。作为个体的我们能做什么？我要重复您引用过的克尔凯郭尔的一句话，想必您已经牢记于心："个人无法帮助或拯救一个时代，他只能注意到它的损失。"您同意这句话吗？

斯坦纳：我不完全同意。在广义的旧制度下，个人的行动能力非常有限。但我们可以尝试更人道而严肃的政治。让我们回到亚里士多德。我们免不了要回归到亚里士多德的思想，这是一种美丽的疾病。亚里士多德认为，白痴是待在家中并允许强盗治理国家的人。强盗占据广场（既是大的集市，也是希腊民主的中心），是因为白痴想保留自己的私生活。白痴对广场没有足够的兴趣，所以他也丧失了抱怨的权利。如果有一天黑手党统治我们，那是因为我们并不想介入政界。这是民主失败的巨大悖论。在英国，这种民主充斥着每天的生活。

英国曾拥有几近于独特的命运，那就是精英从政。牛津和剑桥大学的那批早期毕业生经常出入议会，试图进入政府部门，这曾是他们的理想抱负。政府部门曾经由一批高等教育精英组成。而近三四十年来，如果精英选择从政，便会遭到嘲笑。现在最重要的营生是银行和对冲基金。

阿德勒：也许因为政治不再是公共利益？

斯坦纳：不可否认，两种原因都有，这是一个循环论证。如果有重要的人投身其中，政治自然会成为公共利益。此外，说到这儿，我们常常忘记一点，那就是这一次在美国出现了在欧洲已不可能再产生的事物。2008年大选的三位候选人奥巴马、麦凯恩和希拉里·克林顿过去是、现在也是非常杰出的人物，支不支持他们的想法是另一个问题。这些人高瞻远瞩，一个混乱而腐败的系统居然能产生这样的角色，是个好兆头，它带来了希望。

奇迹还是存在的。自克伦威尔以来，我们第一次没有在爱尔兰自相残杀。但这是布莱尔先生造就的奇迹。经过十年呕心沥血的谈判，我们的目的就是和爱尔兰人共围一桌。我向您保证，这并不容易。而他从未失去耐心，从未有过冲动情绪。我仍希望，如果爱尔兰共和军能够镇定下来，如果柏林墙能倒塌，其原因在于这个世界上存在着奇迹，实实在在的奇迹。它们固然稀罕，但终究会来临。它们依靠的是另一种政治理念，由好人掌握的政治。但如果我们压根就不想介入政治，还能怪谁呢？

阿德勒：根据您的说法，音乐在人的非人性面前也无能为力。您热爱音乐，您的生活被黑胶唱片包围着。没有音乐和哲学您无法生存。而且您在《思想之诗》中阐述了音乐与思想的同质性关系。听音乐时您在想什么？

斯坦纳：首先，我们要明确一点：我不识五线谱。这很重要。我认为即便对音乐家来说，在识谱的同时也很难听得到音乐。有些乐团指挥似乎能够在阅读马勒乐谱的同时，在内心听到所有乐器的演奏。这应该很罕见。我从来没学过任何乐器，所以我的喜好完全是受到仅凭印象的、爱好者（但"爱好者"也即"爱人"）的热情的支配。

音乐、唱片和钢琴最初就是我童年的一部分。我很小的时候聆听了此生第一场音乐会。我很幸运，因为父母会带我去听音乐会、看歌剧。您可能会笑这种属于老年人的陈旧习惯，我能把很多歌剧的台词倒背如流。所以，尽管我的视力在下降，我觉得我还能和众多异常优美的文字生活在一起，充实我的时间。但如果再也不能听到音乐的话（我耳聋得更厉害了，不过目前耳朵还能使），我想我完全无法生存。音乐对我而言是如此重要而不可或缺！

唱片的出现真是个奇迹！它使整个音乐史瞬间触手可及，我们可以听想听的所有音乐，生活在这样的岁月是一种巨大的奢侈。一种不可或缺的奢侈。

阿德勒：我知道您对所有自勋伯格以来的音乐都特别感兴趣。为什么呢？您认为当代音乐有未来吗？

斯坦纳：未来是无限的。在我看来，我们正处在一个由勋伯格、德彪西、肖斯塔科维奇和众多伟大美国音乐家开创的美好的音乐时代。首先，技术复制的手段让即时体验进入了私人生活。我再重复一遍，我可以在放音机里听到世界上最好的音乐会和歌剧——我有着几乎数不清的曲目收藏。而音乐能跨越所有边界，没有语言障碍。成功的摇滚乐可以同时在符拉迪沃斯托克和洛杉矶唱响，音乐是情感的世界语。而且（恰如本雅明所说）在技术复制方面，音乐有文学并不具有的创造性元素。我相信音乐具有无限的未来。某些形式的歌剧或交响乐会继续产生伟大的作品吗？很难说。从伊丽莎白女王时期直至本世纪初都没出现伟大的作品。而像布里顿的作品，尤其是《彼得·格赖姆斯》，则誉满全球，吸引了大量听众，音乐厅总是座无虚席。我觉得这是好的迹象。某个种类的音乐会衰落吗？也许较为古典的室内乐可能会？以一种更傻的方式来说，室内乐需要房间。它必须要有与音乐厅不同的社会环境。我们还会继续听到伟大的室内乐作品吗？

无论如何，在我看来，我们生活在一个拥有伟大作曲家的时期。我无需解释布列兹的意义。我们这个时代还有库塔格·捷尔吉，一位匈牙利作曲家，我认为可以与巴托克并驾齐驱；以及艾略特·卡特，直到百岁他还一直在努力谱曲……对，目前还有六七个非常伟大的作曲家。所以我们是处于前进之中的。不过我无法理解构成主义艺术。我就是理解不了。如果是音乐这种形式，哪怕最当代的音乐，我依然能欣赏。我对音乐的未来非常乐观，我的身体每天都有听音乐的需求。如果一天不听音乐，我会很难受。

阿德勒：您听音乐（就像您的阅读练习）会不断重复

吗？这种重复对于满足您智性上的贪婪是必不可少的吗？

斯坦纳：每一次倾听对我来说都是一种全新的体验。我的朋友中有几位很优秀的作曲家，他们讨厌唱片。他们说："它们一成不变，已经死了。"幸运的是，每次听唱片我总能听到一些我没有听过的东西。但原因在于我是个外行，一个不识谱的人，一个初听音乐不能抓住内部结构的人。我很清楚一个音乐家面临的问题。感谢上帝，英国广播公司（BBC）和其他频道提供了丰富的古典和现代音乐的选项，在英国，我们拥有非常活跃的音乐生活。我们的开幕音乐会演出不断，唱片曲目也很丰富……BBC有个很有趣的节目，叫作《私人激情》，受邀嘉宾有权选择七张唱片来进行讨论。而我希望找到他们没有的东西（这是我讨厌的性格使然），尽管他们已经有一千二百万份存档录音（他们说已经收藏全了）。

随着纳粹主义抬头，在巴黎的家中我们曾被禁止听德语的瓦格纳（像所有中欧的犹太人一样，我的父母是瓦格纳迷）。于是，我父亲在巴黎歌剧院中发现了一位优秀的用法语演唱的俄国歌唱家，名叫罗加切夫斯基。我们所在的这间房子里依然收藏了一些黑胶唱片，是法语版的《圣

杯骑士》。我对 BBC 说我要把它们带过来。但他们说他们
也有！我曾经在广播里解释过，即使在另一种语言、另一
种文明背景下，伟大的音乐依然固守它的权威性。

谈到伟大的爵士乐，我涉猎有限。我学生时期在芝
加哥经常听马格西·斯帕尼尔、艾灵顿公爵和其他一些乐
手的音乐。当时的芝加哥是世界爵士乐中心。我还喜欢古
典爵士。但我从未听过嘻哈、重金属等其他衍生的音乐类
型。错过了这些类型，约莫等于与本世纪的音乐能量擦肩
而过，这能量中包含所有的残暴和模棱两可。我有点遗
憾，但我们无法听懂所有音乐。我已然不求甚解。尽管如
此，我确定对于数百万的年轻人来说，这些音乐代表了他
们内心生活不可或缺的节奏。

阿德勒：您的评论中经常提到海德格尔。但您肯定已
经了解了海德格尔在担任弗莱堡大学校长期间发表过的那
些证明他加入纳粹的文章。这是否会改变您对其哲学的
看法？

斯坦纳：自从初次试读《存在与时间》，我就认为我
们在和一位哲学巨人打交道。一位巨人。一位邪恶的巨

人。我不能想象没有海德格尔的 20 世纪思想（不管是萨特、列维纳斯还是解构主义都缺他不可）；他是迄今为止其中最伟大的。至于他的纳粹主义问题，最好的回答是纳粹曾经给出的回答——1933 年到 1934 年间，面对海德格尔想做大学校长的抱负，柏林的纳粹当局曾宣告：不，他是一个"Privat-nazi"。这个单词不太好翻译，可以说是"私人纳粹"。什么意思？它并不意味着海德格尔是种族主义者（顺便提醒一下，他的博士生几乎都是犹太人——从他的情人汉娜·阿伦特开始，然后是马尔库塞、洛维特，等等）。我们找不到任何种族主义的痕迹。他觉得从生物学角度思考人种问题是愚蠢的（但在纳粹主义中这必不可少）。我们可以说他是纳粹之前的纳粹。此外，他残忍的妻子早在他之前就加入了纳粹。

这意味着他相信德国的复兴，并且在纳粹主义中看到了对他所说的"两大威胁"的唯一的抵抗，这两大威胁即美国的资本主义和苏联的共产主义。在我看来，他先知先觉，理解了这两大威胁背后都牵涉到技术问题，而且理解了美国技术统治的资本主义与列宁斯大林主义之间的关系，比它们与欧洲古典精神之间的关系更近。这是一种天赋。同时，欧洲的失败，对他来说就是德国的失败，意味着这两种力量对欧洲大陆的统治。当然，他说得有道理。

在我看来，这套说辞完全不能用来为真正的秘密和罪行开脱，这些罪行包括他在战后拒绝对大屠杀、集中营政策和纳粹主义的反人性行径作出声明。恰恰相反，您很清楚，在 1953 年的一段臭名昭著的评论中，他再次谈到了那场运动中伟大理想的破灭。

对瓦格纳来说同样如此。在午餐等待甜点的时候，柯西玛·瓦格纳对她的仆人说："我们得等等，主人在弹钢琴。"在二楼，我们听到瓦格纳在弹琴。他正在练习，为歌剧《帕西法尔》的复活节音乐作准备。然后他走下来。在餐桌旁，柯西玛亲眼见证瓦格纳是如何谈论犹太人问题的，他说："犹太人必须被火烧死！"同一天，他创作了《帕西法尔》的复活节音乐。您可能会告诉我："我们必须理解……"不，我们无法理解。我们只是芸芸众生。您和我，我们都非常渺小。感谢这些巨人，我们拥有了伟大的遗产。我无法想象没有《特里斯坦》，没有瓦格纳的其他作品，没有《存在与时间》，没有评论康德的书籍，没有评论前苏格拉底时期的文章，我将如何存在。海德格尔全集将会有一百多卷。

我所听到过（针对这种反差所作的）最好的解释来自

海德格尔最喜欢的学生及继承者伽达默尔，他也是一位伟大的思想家。在弗莱堡的海德格尔百年诞辰纪念日上，我和新纳粹历史学家诺尔特几乎要大打出手。这时身材魁梧的伽达默尔，异常镇定地把双手放在我的肩膀上说："斯坦纳！斯坦纳！别激动。马丁（指海德格尔）是最伟大的思想家和最平庸的人。"这是一种绝佳的分析，没有试图为谁辩解，但恰如其分。除了海德格尔、瓦格纳，我们还能举出很多其他例子。

如果您问我是谁决定了现代法语的走向，我要说，是普鲁斯特和塞利纳。《茫茫黑夜漫游》让塞利纳成为法语世界中最伟大的魔术师之一，与拉伯雷比肩。但他的伟大还不止于《茫茫黑夜漫游》。他流亡丹麦后所写的三本小说《一座城堡到另一座城堡》、《北方》和《里戈东》（现在很少有人读）也非常出色，留下了很多经典段落，比如科隆的火灾中他与他的猫贝贝尔一起，猫离开了火车，跳进烈火。在锡格马林根，完全失聪的贝当听不到英国飞机降落在桥上的声音，这是很莎士比亚的片段！我用词一向谨小慎微，但这个可怕的男人有着卓越的创造性的诗意。他还有悲天悯人的情怀。这位医生对穷人和动物都很友好。我对动物也很着迷，也不惧跟别人分享这份热情。动

物以及动物的痛苦对他有着重要意义，我很敬佩。然而我
也不明白，这几本书与《屠杀琐事》以及其他声名狼藉的
文本的作者竟是同一人，他还写了各种反犹小册子和抨击
文章。您要是问我，我在这里也解释不清。这个想把所有
犹太人都放进烤炉的人和刚才说的那位竟是同一人。

我们该怎么办？作为一名读者，作为一名教授，我亏
欠这些文本很多。它们滋养了我的思想和存在。但这并不
意味着我得捍卫文本背后的这个人。或许，最大的运气，
就是不去和他相遇：我拒绝与海德格尔相遇。我不想，也
不敢认识他。当然，我本来有机会认识塞利纳。

没有瓦格纳该怎么办呢？瓦格纳之后的音乐依然是
瓦格纳的音乐。而哲学呢？我刚读了德里达的一句话，他
说："未来的哲学不是支持就是反对海德格尔。"我无法想
象这些伟大而可怕的男人内心的矛盾和挣扎。也许这个现
象对女性来说更为罕见——这里存在一个有趣的问题。我
不能马上找到一位女性的例子。女性中曾经出过暴君、独
裁者、虐待狂、下毒者，但据我所知，没有一位女性的思
想（在文学、诗歌和科学方面）能同时容纳一种虐待狂式
的仇恨、一种法西斯式的人格和意识形态（上帝知道是否
存在这样的女性）。我或许错了，但这其中可能存在一种

有意思的区别。

阿德勒：在《思想之诗》中，您还提到了核心人物胡塞尔，就是海德格尔的导师。您认为胡塞尔的思想对海德格尔的作品有什么影响？

斯坦纳：我写了一本小书，叫《大师与门徒》，在这本书中我试着讨论这种关系。没有胡塞尔，就没有海德格尔，这无可置疑。但就像所有伟大的关系那样，弟子会试图摧毁师傅。我们可以愉快地使用弗洛伊德的"俄狄浦斯"这个词来向他致敬。

阿德勒：弑父。

斯坦纳：精神上的、理论上的弑父。

阿德勒：从这个术语的双重意义去理解，那就是：哲学上的"弑父"和在纳粹时期的"弃父"。

斯坦纳：胡塞尔是个让我着迷的男人，他可以坐下来连续思考六七个小时。这非常罕见。胡塞尔身上体现了思想，就像我在这里认识的伟大的数学家一样。胡塞尔的思想中有一种对抽象的热情，拒绝被任何东西所侵扰，这一点很了不起。海德格尔很快就推测出胡塞尔思想的弱点。最后，胡塞尔没有成功地构建他的系统，也没有解决不同存在、不同自我间的关系这个重大问题。海德格尔看到了这些弱点。胡塞尔慢慢发现他最喜欢的学生、他指定的继承者、他的儿子要摧毁他，没有比这更令人动容，更令人悲伤的了。而这所有的一切中，有关纳粹的部分虽然丑陋、令人作呕，却并非十分重要。

阿德勒：我们有必要指明一些事实。是海德格尔抛弃了他。作为弗莱堡大学校长，他同意取消胡塞尔的教职，甚至禁止胡塞尔进入学校图书馆。

斯坦纳：对，这是错误的。现在我们知道，对于老师被禁止进入图书馆这件事，他什么都没有做，这属于不干预，但足够糟糕了。他没采取任何为胡塞尔辩护的措施，在胡塞尔遗孀面前的狭隘言论也很令人悲痛。但此时，海德格尔的妻子埃尔弗里德（一个早期的纳粹分子，对她而言连希特勒都过于宽容了）扮演了一个邪恶的角色。当然这些都是道听途说。

但凡我们不知道类似情况下自己会如何表现，就必须非常小心。但凡我们不知道自己在屠夫和刽子手敲门，或者向你建议"作一个小小的妥协，先生，非常小的妥协，一切都会改观"时会做什么，我们就很难想象以后的日常生活将存在怎样的压力、勒索和威胁。

英国是我依然深爱的国家，是我主动选择的祖国（我本可以去法国或美国）。没有任何一个国家可以像英国一样为个人的权利辩护。我时常想，如果当时德国人攻入英国会发生什么。我们不知道。即便在年轻时，我就充满了伟大的幻想：英国人的表现应该会非常出色，英国人不会献出任何人，不会有维希政权，不会有格扎维埃·瓦拉[1]，也不会有集中营。但我能知道什么呢？这只是希望罢了。我们没有证据。

我非常羡慕那些知道自己做得很好的人。我有两个同事去过韦科尔，他们就知道这一点。一个被俘虏并遭受酷刑，另一个成功逃脱。他们从来不谈论往事，永远都不。

1　格扎维埃·瓦拉（1891—1972），法国政客，维希政府犹太问题高级专员。

一个字都不吐露。除了少数几个特别的例外，那些了解实情的人从来都保持沉默，因为他们知道的事无法向别人解释。也许，他们也很难向自己解释清楚，这甚至要更复杂。

所以无论如何，我们必须非常小心。柏拉图欣喜地将自己卖给叙拉古的暴君，因为暴君承诺会授予他权力。海德格尔这种孩子气的信条——"希望成为元首中的元首"，成了我对一些天才型法国作家进行反思时的背景。这些作家是下流坯，绝对的下流坯。

阿德勒：您怎么解释战争结束后海德格尔拒绝道歉，尽管他的朋友卡尔·雅斯贝尔斯坚持要求这么做？您如何解释这种沉默？

斯坦纳：一种虚荣。

阿德勒：这种沉默也让人想起保罗·策兰探望海德格尔时他们之间发生的故事。

斯坦纳：这是一种虚荣，一种狂妄自大。整个世界都要来看他，都为他而奔走。我相信，这是个有尊严的男人，他并未纠正自己曾经的言论，虽然这样做很容易。许多胡言乱语的法国人润饰并删去了他们说过的敏感言论。而他至少能自豪地说："我写过这句话？那我要保留它。"当他的《什么叫思想？》再版时，他本可以删除这些言论，此时的他虚荣而狭隘，也有一丝令人讨厌的坦率。

我曾有机会与他见面，但我拒绝了。那时我还小，不敢见他，因为我们不应浪费柏拉图的时间。我们之间还能说什么呢？没有了，无话可说。"您是一个混蛋！请您道歉？"不，当然不。所以我最好避免一些错误的会面。别忘了，萨特也说过一些残暴的句子，比如："所有反共产主义者都是混蛋！"

我在北京任教时，研讨班上有两个男子曾因为红卫兵的折磨而脊椎骨折，他们甚至无法坐下。他们给萨特写了一封信："致本世纪的伏尔泰。说话吧，帮帮我们！"而萨特，他会说："红卫兵所谓的残暴行为是美国中情局发明的谎言。"他清楚地知道发生了什么。那么，伟人们在哪里呢？

还有弗洛伊德！去罗马吧，那里令人激动，因为有个法西斯主义的伟大博物馆。第一个展厅里陈列着墨索里尼收到的礼物。在美丽的橱窗前，有一本《梦的解析》，上面有弗洛伊德的献辞："致我们恢复了古罗马荣耀的领袖"。的确是这样……

我们都受到虚荣、恭维、恐怖和焦虑的支配。正如普鲁斯特所说，理智的间歇，而不是心灵的间歇。而莎士比亚会一如既往地说："那么谁逃得了一顿鞭子？"（《哈姆雷特》第二幕）

所以，我更愿感谢伟大的作品，更愿感谢诗歌。我的第一本书的第一句话是："好的评论是一种感谢的行为。"我喜欢这句话，我仍为此毫不保留地献身。我们必须感谢作品以及创作者为此付出的巨大代价。

阿德勒：与对人文学科失败的恐惧相关，有一个主题能把您的大部分反思——包括历史的、政治的、形而上学的、语言的和精神的——编织起来。这个主题，用斯宾格勒的话来讲，可以称为"文明的没落"。我并不是说您在预测文明不可避免的衰落，正如斯宾格勒在 1914 年战争初期所做的那样。但您身上有一种可隐约感到的恐慌，一种对我们的存在的提醒，一种对良知和提升良知的渴望。一种警惕性。

斯坦纳：最严肃的历史学家估计，1914 年 8 月至 1945 年 5 月期间，在欧洲，在我们的欧洲和西斯拉夫世界，有数量超过一亿的男女老少死于战争、集中营、饥荒、驱逐以及大型流行病。欧洲文明的持续存在堪称一个奇迹。但我们总是忽略这个问题。奇迹，就是任何在历史上最大规模的大屠杀中幸存下来的东西。

从那时起，巴尔干地区的大屠杀提醒我们，欧洲局势仍然极度脆弱。就在一战后，瓦雷里曾写过一句话，这句话后来尽人皆知："我们这些局外人，文明，现在都知道我们是必死的。"从那以后，情况变得更加戏剧性。美国不仅成为世界上最强大的力量，还成为人类的典范。无论我们是否同意，随着美国的科技革命、空间的开放以及科学研究的发展，美国将我称之为一种"想象的加利福尼亚"的梦想强加于很大一部分人类的梦想之上。

即使是自己的年轻人，欧洲也无法为他们提供任何榜样。年轻人厌倦了高等文化、高等文明，它无法抗拒野蛮，偶尔还被野蛮利用。我们可以看到欧洲精英——知识分子、艺术家和哲学家——的生活是如何走向野蛮的。伟大的评论家瓦尔特·本雅明说，所有的欧洲文化古迹都建立在非人性和野蛮的基础上。这话虽然极端，却包含了很多真相。

这种文明与野蛮的关系，让我有一种非理性的、不可展示的、直观的感觉。我不认为我们中间还能再产生莎士比亚、但丁、歌德、莫扎特、米开朗琪罗和贝多芬。毋庸置疑，20世纪产生过文艺巨匠、伟大的作家和作曲家。对此我们不能傻乎乎地否认。但教授文学、艺术史、音乐的人总忙着回顾过去。他们的视角总是转向过去。意大利语中称之为"日落"，完全可以想象，欧洲将变得很疲惫，其地位将被地球上的其他地区取代。上帝啊，欧洲拥有过何等辉煌的文明！德语中有一个有趣的表达叫"Geschichte müde sein"，意思是"厌倦了历史"。漫步于欧洲的某条街道，就意味着与每个房屋上的铁牌邂逅，而房屋上的铁牌纪念的是几个世纪前的事件：过去对于欧洲来说很沉重。相反，未来对欧洲而言微不足道，这个问题很严峻。

我们正处于转型期。您和我，我们都知道，现在的教堂几乎空荡荡的。在天主教权威曾经或目前依然很强大的国家（如意大利、西班牙），出生率在不断下降。欧洲出现了人口负增长，所有欧洲国家的中青年都承担着上一代老龄化带来的沉重压力（长寿的退休人员），人口结构已经翻转为倒三角形。以上的种种原因，让我们很难想象欧洲文明将如何恢复攸关其生命的发展势头。我最大的希望是，东欧能拥有尚未完全发掘的巨大的（杰作、思想、艺术的）能量。但鉴于在布拉格、在总能看到好莱坞白色豪车的布达佩斯、在慢慢摆脱长期苦难的布加勒斯特，狂野的资本主义被放开，情况并不令人鼓舞。对某种自由资本主义的模仿并不是伟大文明出现的好兆头。

阿德勒：您难道没有一种对"绝对"的怀念（套用您的一本书的标题），对不可挽回的失落世界的怀念吗？在质疑我们所有当代的审美和道德价值时，您难道不是表现出保守的一面吗？说到当代的价值，我想到的是，比如，杜尚艺术的解构性、具体音乐的出现、（哲学上的）解构主义、（文学上的）新小说。简而言之，就是去抗拒新的理解世界的方式，因为您厌恶它们。

斯坦纳：这里真的牵涉到理解世界的新方式吗？在我

的《创造的语法》一书中，我表达了对杜尚和让·丁格利[1]（对我来说，他是我们这个世纪的幽默大师之一）由衷的钦佩，我告诉过您我有多热爱当代音乐。另一方面，所谓的"概念"艺术的世界却让我深恶痛绝。对那些在泰特美术馆的地板上放一些尿液便自认为创造出伟大艺术的人，我会平静地说："你们是群可怜的白痴！"除此，我无话可说。

可以肯定的是，在我的作品或者说我的工作中（作品是一个傲慢的词），我真的无法完全沉浸于电影世界。有人说，展现现代意识的最强大的形式最终是电影。他们很可能说对了。电影有可能是。那么我错失了良机。不过实话说，我从来没有试图去把握它。

但不妨说得更准确一些。我想找到最简单、最谨慎的词语来回答您。如果有人跟我说"我是绝对的无神论者。对我来说，任何关于超越的故事都是拙劣的浪漫主义玩笑"，如果有人告诉我，当他凌晨两点接到电话得知他的孩子刚刚在一场事故中丧生（您知道，这是布尔乔亚的噩梦），他知道这将是一种可怕的痛苦，但并不觉得其中

1　让·丁格利（1925—1991），瑞士达达主义画家与雕刻家，以机动艺术创作闻名。

有任何神秘或玄奥的意味，那么在这个男人或女人面前，我保持沉默。我遇到过这样的人，很罕见。他们存在于麻省理工学院、剑桥大学、伯克利大学的一些伟大的科学家中。例如，霍金先生，他说他可以用两根手指的末端掌骨来移动他的轮椅，以及使用一个IBM的电子声音。他思考的是宇宙的边界。人类的伟大之处就在于其思想没有边界。但大多数人在电话铃响起时开始尖叫并乞求上帝。好吧。如果有人对我说"我相信这个或那个，对我而言存在一种超验的经验，以及创造的终极之谜"，这我也绝对能理解。我不能接受的是某些人说："这个问题并不存在，为什么要谈论呢？"在我看来，如果这些人的想法变成主流，如果我们的文化、我们的敏感性、我们的存在背景确实变成了既非完全无宗教信仰，又非无神论，也不信教，而是一种"希特勒，我不认识；上帝，我不认识"的情况——正如最近的一项民调所显示的，英国有史以来（到目前为止）前十位不朽的人物中，排名第一位的是贝克汉姆，第五位是莎士比亚，第九位是达尔文——如果我们达到了一种最高程度的世俗化和大众化，那么，是的，我相信我们不会再创造出伟大的作品。我们艺术和建筑中的十分之九都包含宗教的主题或背景，无论是贝多芬的《庄严弥撒》、巴赫的音乐，还是我们的教堂、大楼、城市、法律，等等。如果有人说"这不是问题！"，如果陀思妥耶夫斯基所说的"唯一的问题"（即上帝是否存在）不值得我们反思，不值得我们试着找出正式的暗喻来表达的话，实际上我们正进入我所谓的"尾声"（épilogue）——这个词是双关语，它也意味着"逻各斯（logos）之后"。"太初有道"，而最终则可能是嘲讽。我们可能进入一个伟大的嘲讽的时代。

阿德勒：在您的前几部作品中，您对我们文明的未来进行了诊断，结论相当严重。您指出语言正变得稀薄，只需三十四个单词就能在全球范围内进行交流。而且这种语言的稀薄化使得我们的思想也越来越少地摄入氧气。

斯坦纳：正如我所说，我相信欧洲已经很疲惫。我不相信中国的奇迹，但我的预判也会出错。我相信印度的奇迹，因为印度具有梦幻般的创造敏感度，有着发明的力量和极致的原创性。

有几年，我与中国学生、印度学生一起工作和生活。中国人有着极其出色的学习能量，有着让人屏息的自律性，但是他们不敢批评，也不敢创新。而和印度学生围坐在桌边时，我能听到一个又一个敢于提出新观点的声音，敢于猜测，特别是敢于对权威说不。这就是为什么我感觉印度将在人类思想和艺术史上占据浓墨重彩的一章。可能我有生之年是看不到了，但印度的未来会非常有趣。目前，欧洲已成为全球旅游业大洲：我们来欧洲散步为的是看旧欧洲。它已经成为一个伟大的博物馆，生活在那里已变成一种巨大的奢侈。但要谈论未来，一个积极的未来，还是非常困难。

阿德勒：您认为真理有未来吗？

斯坦纳：肯定有啊！但我要再说一遍，真理不一定在欧洲。它会有很多其他的形式。有些宽容，有些非常欧洲式的讽刺，有些对话的习惯，它们能够幸存吗？并不确定。在无比强盛的美国文化中，对话比较罕见，起着不太重要的作用。总统选举中的对话很少，讽刺几乎不起任何作用。

人类的交流将会以其他形式呈现。但我们为什么要抱怨呢？我们已经有了两千年璀璨的文化，欧洲人的身份曾经令人激动，而未来这种激动可能就会减少一些。

阿德勒：您提到了保罗·瓦雷里，他在很长一段时间一直困扰着您。直到 2014 年的今天，瓦雷里的想法究竟如何影响到了您？

斯坦纳：现在的年轻人已不怎么读瓦雷里。我认识瓦雷里的过程比较曲折，以至于掩盖了他真正的面貌。保罗·策兰翻译过他的书，那部《年轻的命运女神》就是个奇迹，其他词语都不能用来形容。一种单纯古怪的奇观。还有一个《笔记本》中的瓦雷里，对这个瓦雷里我们至今依然了解甚少。《笔记本》中有数量庞大的二手文献。在他的思想中，他对科学的兴趣和对数学近乎偶像式的崇拜让我着迷，虽然我的理科达不到他的水平，但我能猜到这种兴趣对他产生了怎样的影响。与此同时，还有世俗的瓦雷里，沙龙里的瓦雷里，作为院士的瓦雷里，对贝当致欢迎辞的瓦雷里。这是另一个瓦雷里。但他是个巨人！

存不存在巨人的时代？存在，而且很神奇，巨人们会以星丛的方式出现。莎士比亚周围环绕着四五位伟大的诗人和剧作家。在那以后很长一段时间都没出现过巨人。托尔斯泰、普鲁斯特和托马斯·曼生活在相同的时期。看似没有关联，但好像确有星丛存在，有近乎磁力的运动，有创造力的电磁集中。接下来是沉闷的时期，平庸的时期，就像法国 18 世纪上半叶的诗歌一样。这种现象很难解释。对于像印象派这样复杂的艺术运动，我们还不能理解，为什么突然间就有十几个艺术巨匠横空出世，然后能量便慢慢减弱。可能创造中存在一种内爆的物理效应，这种效应的力量都是集中的。与向外爆炸不同的是，它们在内部炸裂，所有力量都奔向一个隐秘的中心。而我们并不知道这个中心在何处。

我一生都在逃避理解和研究电影，现在我发现这是个严重的错误。可以肯定的是，如果没有电影，我们就不会拥有 20 世纪的高等文化。确实，人类想象中很大一部分"莎士比亚式"的能量都集中在电影艺术，而不在其他形式里。

阿德勒：为什么呢？您为什么对电影不感兴趣？很长一段时间您的兴趣点都在绘画史上。

斯坦纳：我对音乐和戏剧都有浓厚的兴趣，对电影却没有。为什么呢？我来回答您，这回答本身会是一个挑战。您去看一部经典电影，比如雷诺阿的《乡间一日》《天堂的孩子》或者《碧血金沙》，您把它看个两三遍（我尝试过，这是特别美好的体验），但看到第四次的时候，它就已经死了，完完全全死了。我看一部话剧五遍、十遍，它每一遍都还是新的。我还等着有人为我解释为什么世界上最好的电影在看过四五次后就会失去生命力。也许这种艺术形式本质上就是短暂的。我不知道如何解释。我在哈佛大学也曾目睹了一个奇妙的现象。那个年代，为了看《卡萨布兰卡》，年轻人纷纷涌进电影院，有的人是第一遍看，有的已经看了好几遍了。就在电影快接近尾声的五到十分钟，声音突然被切断了，年轻人便纷纷站起来，背诵那段对白——也包括最有名的"围捕惯犯"的经典结尾。不喜欢背诵莎士比亚的孩子们却能轻松地背出来这些。还挺有意思。现在大家似乎也不这么干了。只是在平板电脑上看看五分钟的电影剪辑。这也构成了一个问题，如果电影失去了它复杂的魅力，就变得很可悲。阿伦·雷乃刚离开我们不久，现在谁还有能力执导出一部《去年在马里昂巴德》或《广岛之恋》呢？况且，即便是优秀的电影，它的形式里依然存在转瞬即逝的一面。

阿德勒：我们来谈谈将会发生在所有人身上的事情。尽管我们有时避而不谈，常常不愿了解，但我仍然想谈论死亡的话题。我想引用一下您最神秘的一句话。在《真实临在》中，您写道："我们生活在一个漫长的星期六。"该如何理解这句话？

斯坦纳：我从《新约》中选取了周五—周六—周日的范式。也就是说：星期五耶稣去世，夜晚到来，圣殿的面纱被撕裂；之后，对信徒来说，不确定性已然超出一切恐怖——星期六是未知的，没有任何事情发生，没有任何动静；最后，大家才等来星期天的复活。这是一种有着无限暗示力的模式。我们经历灾难、折磨、痛苦，继而等待，对于许多人来说星期六永远不会结束。弥赛亚不会回来，星期六仍在继续。

那么，这个星期六应该如何度过？对于马克思主义的弥赛亚，对于乌托邦的社会主义者来说，这个星期六会有终点：地球上将有一个正义的王国。自17世纪以来，左翼的极端主义者一直在预言："我们只需耐心地等待。"至于犹太人，他们相信弥赛亚确实会到来。根据日程表尝试计算这一天的到来是一种亵渎，但它仍然会发生。对于实证主义者、科学家和技术人员来说，星期六的结束可能指的是治愈癌症。癌症的治愈对我的很多同事来说如同圣杯（这个形象很重要）。他们会找到它吗？他们有信心找到。不是十年，不是二十年，但也许只要一百年，我们就能治愈或抑制所有归入癌症名下的疾病。对其他人而言，星期六的结束可能是消除饥饿，为这个星球上的所有儿童提供足够的食物——这已经在我们的技术能力范围之内，因而也让未实现的现实变得更加难以忍受。简而言之，不存在绝对的不可能，我们缺乏的还是政治意愿。

这未知的星期六，这没有保证的等待，就是我们的历史。这星期六，是一种既包含绝望——基督被可怕地杀戮和埋葬——又充满希望的机制。绝望和希望当然是人类状况的两面。

除了私生活领域（这很重要），我们很难想象星期日。浸润在爱中幸福生活的人们经历过星期日，经历过顿悟和彻底改变的时刻。也还有一些政治的时刻，像 1968 年 5 月的夜晚，在巴士底广场，当阿拉伯学生在科恩－本迪 [1] 面

1　丹尼尔·科恩－本迪（1945—），德国政治家，生于法国，五月风暴学生领袖。

前喊道："我们都是德国犹太人。"这也是星期日顿悟的时刻之一。这种时刻可能会改变一切。在巴士底广场的那次显然没有做到。但这并不意味着这些时刻不值得经历，它们绝对值得经历。另一个例子则是，我们今天似乎离找到治愈白血病的治疗方案非常接近，患白血病的儿童可以得救了。

如果没有怀抱着对星期天的希望，我们可能想要自杀。自杀背后有一个很伟大的逻辑。有些男人女人宁愿选择自杀而不是腐败，而不是背叛他们的梦想或政治乌托邦。正如我们所知，伟大的艺术家和思想家宁愿选择放弃他们认为肮脏、淫秽和腐败的生活。在阿尔及利亚的特遣队中，有一些年轻的法国军官和阿拉伯囚犯被安置在同一个房间里，任务是折磨拷问这些囚犯。上级告诉他们："如果你们不碰他们，你们不会有事。上级不会责备你们。这取决于你们。然而，我们知道村子里有炸弹，如果炸弹爆炸了，不仅会杀死你们所有的同事，也会伤及本国人民。但这取决于你们了……"然后就有一小波军官自杀了，这是一个禁忌话题，但我们有文件证明。我希望我会有勇气这么做，因为这是在那个时刻"做人"的唯一有效的方式。

　　选择自杀的人，是那些对自己说"没有星期天，个人没有，社会也没有"的人。幸运的是，他们毕竟是少数。相反，伟大的马克思主义哲学家恩斯特·布洛赫提出过"希望的原理"，即生命延续的动力学。对于很多人来说，早上起床需要很大的勇气。至于我——这是一个与我年龄相关、相当普通而自然的现象——有时起床后我会犹豫要不要打开收音机听新闻，因为在身体、道德和精神上，新闻常常令我无法忍受。但我们的生活仍要继续。我们是生命的客人，要继续奋斗，试着一点点改善身边的事物，试着做得更好。人类会等到星期日的到来吗？我们对此表示怀疑。

Épilogue
Apprendre à mourir

尾声：
学习死亡

VI

阿德勒：临终前我们总会为一些没能做的事情感到遗憾。我知道您也有一些遗憾，比如，不会说更多的语言，没有勇气去学习新的语言。但阅读您的作品时，我惊讶地发现，您还有一个遗憾是没吸食过致幻剂。

斯坦纳：没错。我有一些学生吸过，他们说那种感觉很难描述。我让他们给我解释一下，但其实不可能：他们对你讲述的一切，都远不如真实情况有意思、美妙、实在。这似乎是一种无法带回创作灵感的体验。波德莱尔、兰波和爱伦·坡，他们通过吸食鸦片和可卡因带回了某些创作灵感。他们吸毒后的创作量不大，写下的却都是很重要的作品。不过，这些学生没获得任何创作灵感。也许我应该亲自尝试一下，但我缺乏勇气。

阿德勒：我知道您经常在一些地方休假，也想过定居，比如法国南部，马拉喀什的大广场，塞杰斯塔的小神庙，耶路撒冷清晨的屋顶，等等。您会不会对您梦想去游览却无法到达的地方感到遗憾？

斯坦纳：会的。我列了一份简短的终极愿望清单，写的是我永远不会去的理想之地。目前我还不知道怎么去佩特拉古城，在我这个年纪，去那里不是不可能，但很困难。我还有一份不长的清单，叫"遗失的梦"。我本来希望去看看澳大利亚的红山，还有艾尔斯岩。我曾被邀请过十二三次。但去那里需要二十三个小时的飞机航程，我没有胆量去。这就是为什么我的自传选用了这样的标题——《勘误表》。我的生活存在一系列错误，至少是缺憾。

我最主要的缺憾就是，年轻时没能冒险去创作。我小时候画了很多画，也发表了一些诗歌。我认为都很糟糕。但既然发表了，它们就有自己的读者。后来，在一段时间里，教学成了我的目标和几乎全部的事业。

我想举个更琐碎的例子，它完美地解释了我的缺憾。我在芝加哥大学的前五六个星期——那时我非常年轻——国际象棋就像神圣的毒药一样吸引了我，我每天要和很厉害的专业棋手下十八个小时象棋。芝加哥大学曾是国际象棋中心之一。我们喝一杯咖啡就继续下棋，把棋局当成很严肃的东西。我们学习、研究国际象棋理论，关注理论史的问题。说真的，我们做到了心无旁骛。或许，我离真正的职业棋手并不遥远。但就在这种眩晕面前，我退缩了。我缺少足够的勇气将生命全部投入国际象棋……毕竟这只是一种游戏，但这是多么有趣的游戏啊！从那时起，我一直在下象棋，但下得很烂，充其量是业余爱好者中的爱好者。

这短短几周的经历让我瞥见了一个无底洞，也就是亨利·詹姆斯所谓的"真实的东西"：它指的是将自己全身心地投入。生命的威胁、死亡、耻辱和债务我们都无所畏惧。为了过一种纯粹的生活，不惜冒一切风险。超越自我的登山者每次都这样做，深海潜水员每次这样做，就是为了知道何为绝对的迷醉——那就是心无旁骛的境界，所有布尔乔亚的美德都不复存在。但我没有这种极致地冒险的勇气。

有时萦绕着我的还有另一种遗憾。我意识到这一点是在英格兰，当时我与经历过重要战役的人来往密切。晚上，在大学校园喝下第三杯波尔图葡萄酒之后，著名的英格兰式的矜持开始褪去，战斗过的人会坦承："战斗中我们多么幸福！我们多幸福啊。我们生活中再没有任何事情可以与战斗的高潮相媲美。"他们有很高的文化素养，是杰出的老师，杰出的思想家。当坦诚的时刻到来时，他们说："从那以后，生活是多么无聊！"首先，他们在战争中远离了妻子，这已是闻所未闻的幸福。对英国人来说，远离妻子是幸福的必要条件。此外，还有带着同性恋色彩的男性友谊：并不是同性恋，而是一种男性的爱欲。男人间的这种感情是英国学院和英国精英生活的关键。今天，我们在伦敦经常看到一些混入黑帮的年轻人手持刀具，这种情形已经很严重。我们清楚地知道，如果把他们送进突击队里接受训练，五周内就能培养出拔尖的士兵。黑帮和突击队几乎是一回事。实际上，犯罪团伙和伞兵很接近。对于亚历克西·费罗南柯来说，在阿尔及利亚的经历是决定性的；对于阿兰也是如此；笛卡尔对战斗很了解；荷马教过我们什么是战斗的迷狂。我从没经历过这样的时刻，永远也不知道在战争中我会有怎样的举动。但他们全都知道，不论结果是好是坏。就像用英语说，"他打了一场好仗"，这句话本身是不可译的。贝玑[1]知道——我认为蒙泰朗也明白——与敌人面对面交锋意味着什么。当我听同事们回顾往事时，他们对幸福的回忆很真实，毫无虚张声势的成分。总之，他们那时候每天要生活二十五个小时，压根没时间去吹嘘自己的故事。也不会对精神分析学家、治疗师和记者讲起。他们不对别人吹嘘，只跟自己说："结

1　夏尔·贝玑（1873—1914），法国作家、诗人。

果就是这样，与原先的计划相差甚远。嗯，好吧……但我们尝试过，尽了最大的努力。"这就是我们所能做的一切。总而言之，要知道，伟大的人物是特立独行的。

为何那么多大学同事都不太喜欢我？为何我这辈子一直有点边缘化？因为出版第一部作品《托尔斯泰或陀思妥耶夫斯基》至今，我一直说，创作者和评论者（或者解读者）之间的距离是以光年计算的。现在我深信不疑。诚然，有些作家也同时是伟大的批评家，比如写过《驳圣伯夫》的普鲁斯特，写过散文的艾略特，以及解读过但丁的曼德尔施塔姆。他们通常是创作上的巨人，也是首屈一指的评论家和批评家。能同时胜任创作和批评这两项工作实属罕见，但肯定是存在这类人的。有比波德莱尔更伟大的艺术批评家吗？但如果他只写了《恶之花》，其实也足够了。在我晚年，这种创作与批评的差异常常令我很难过，因为我本该在年轻时冒一冒风险。

我之所以成为现在的我，是因为我没成为创作者。这让我相当痛心。我想说，其中部分是我受到的家庭教育所致，我必须经常援引的伟大的犹太教传统。我父亲确信：创造一些东西是好的，但也是不可靠的。成为一名教师是最高的责任。此外，"拉比"这个词的意思是教师，它蕴含的一切都是世俗的，没有丝毫的神圣性。

我对您提到过，我年轻时出版过几本诗集，有天早上我重读之后，发现它们仅仅是韵文。韵文是诗歌最大的敌人。后来我就再也不出版诗集了。我也发表过诸如《运送阿道夫·希特勒到圣克里斯托瓦尔》这样的小说，但它们是对思想和辩论的虚构，换句话说，是以小说或叙事的形式进行的思想对话。《运送阿道夫·希特勒到圣克里斯托瓦尔》（1981）不仅是一场关于思想的辩论，也是一部关于权力的著作，是围绕最高权力和希特勒主义而展开的深思。

我完全缺乏伟大创造者的天真和愚蠢。读大学时，雕塑家亨利·摩尔偶尔和我们一起用餐。每当谈论政治时，他浑身散发出令人惊愕的天真。这时我们会看着他那双搁在桌上的手，属于亨利·摩尔的富有生命力的双手，在心里对自己说："不必在乎他说了什么！看看他的手，看他能用手做出什么。"伟大创造者那纯真的神秘是非常深奥的，作为局外人我们并不能理解。

那么，我的任务是什么？我要像那部出色的电影《邮差》（1994）里表现的那样，成为一名邮递员。那是一部关于聂鲁达和为聂鲁达送信的小绅士的电影，后者在影片中逐渐意识到成为聂鲁达的意义。我一生都试图做一名很优秀的邮递员，把信件投入正确的信箱。找到合适的信箱来谈论作品、介绍一件新作品并不总是那么容易。我们可能会犯严重的错误，但这是一项极其重要且令人激动的任务。能够成为伟大作家的邮递员，我感到很激动。但绝不能把邮递员和作家混淆起来。普希金——他也是贵族，我们有时会忘记俄罗斯王子与我们之间的差距——喜欢提醒人们："致我的出版商，我的译者，我的批评者，我衷心地感谢你们，但这些文字，是我本人写下的。"没错，这说明了一切。

我人生最大的遗憾，就是没碰碰运气，写几本糟糕的书。兴许应该尝试着创作一些小说或者戏剧——这对年轻的我来说非常重要。但我不想承担风险，因为手持信件和把信件放入信箱的特权赋予我很大的压力。这一生中，我曾有两三次这种千载难逢的好机会，得以引荐一些很重要的作家，为他们敲开出版界的大门。我永远不会忘记《泰晤士文学增刊》给我打来的那通电话，他们礼貌地问我："您给我们寄了篇关于一位叫（他费劲地拼读起来）C-E-L-A-N 先生的文章。请问这是笔名吗？他是谁？"这是英文世界第一篇评论保罗·策兰的文章。还有其他一些非常重要的作家和诗人是我帮助引荐的，他们当时都刚刚迈进职业生涯。

阿德勒：斯坦纳先生，您说您没能成为一名创作者，但您其实是一位小说作者，还撰写理论书籍，这些都算得上创作行为。您刚才谈到《运送阿道夫·希特勒到圣克里斯托瓦尔》，它展现了希特勒一步步走上权力巅峰的过程。我想谈谈您另一篇鲜为人知的文本，叫《证明》（*Épreuves*）。这是一篇能更好了解您的关键文本，讲的是一名逐渐失去视力的校对员的故事。所以，他再也看不到文字，世界在他眼前逐渐消失。但里面也涉及整个世界的错位。

斯坦纳：这个文本仅仅在意大利产生了反响，因为人物原型是意大利的廷帕纳罗，他是一位伟大的马克思主义学者。他拒绝向新闻界和学术界作出任何妥协，靠在夜间做校对为生，失去了部分视力。在意大利，这本书引发了争论，既有赞许也有反对的声音。在其他国家则没有这种情况。如果您想让我谈谈这个文本，其实，我是试图通过它去理解和解释马克思主义在某些人对正义的渴望中产生了怎样巨大的心理力量。马克思主义的失败也是人类的巨大失败。马克思主义是犹太教的弥赛亚主义，深受犹太教的影响，它来自《阿摩司书》和先知们。马克思在1844年的手稿中写道："总有一天，我们不会用货币交换货币，而是用爱交换爱，用公正交换公正。"[1] 这是伟大的救世主计划。

我们知道古拉格是什么。您不需要告诉我。也许这是不可避免的，也许人们过于贪婪，有过多私心，过于斤斤计较，从而没有实现马克思主义理想的可能性——这是纯粹的利他主义理想。在剑桥，我幸福地住在一座美丽的房子里。孩子们已经离开（他们成年了），我本应留出空房给一些无家可归的人，但我什么都没做。马克思主义会对我说："我们不关心你怎么选择。这是强制性的。必须把两个房间腾出来。"这有助于解决一些道德问题。在某些方面，我知道它会让事情变得更好，而在其他方面就未必了，我心里有数。

我们必须时常自问：伟大进步的代价是什么，受害者

---

1 斯坦纳的转述似乎与马克思的意思不合。在《1844年经济学哲学手稿》的最后部分，马克思思谈到货币作为中介对事物的普遍混淆和替换。如果在人对世界的关系是一种人的关系的情况下，则"只能用爱来交换爱，只能用信任来交换信任"。

是谁。马克思主义的失败所压垮的巨大希望，依然为以色
列基布兹或其他社会主义集体社区所怀揣。三十年来我们
一直在谈论"野蛮资本主义的终结"、"奢侈的终结"，但
这个现象仍在继续：你可以裁去一万人的岗位，毁掉你经
营过的产业或银行，然后带着五百万奖金离开。这真的是
人类自由的理想吗？我想知道。

因此，我这部短篇小说试图展示的是，一个葆有马
克思主义希望的失明者会遭遇到什么。我以巴尔扎克（他
是绝对坚定的无神论者）的名言为全书结尾——孤身一人
在城里时，我的小说人物对上帝说："现在只剩我们两个
了！"这是准备发起的最后一次伟大斗争：独立理性的无
神论者和宗教信仰之间的斗争。

阿德勒：阅读《逻各斯统治》时，我们会感觉您在
等待最终的约会，您迫不及待地摩拳擦掌，并对自己说：
"这最终的约会，这最后一次，它会非常有意思。"

斯坦纳：我不会迫不及待。毫无疑问，面对死亡，我
就像其他人一样胆小。我是英雄的对立面，甚至是优秀的
反英雄。面对牙医，我宁愿跪行去麦加朝圣，我的内心在

恐惧地尖叫。

我强烈支持安乐死。我们开始成为他人和自己的负担与麻烦时，便有权结束生命。我对这一点深信不疑。而且，我们正在这个关键问题上改变自己的习惯和法律。我希望在弥留之际首先想到的是，"瞧！发生过的一切都多么有趣"，其次是，我读不到当日的晚报了，这是最后的遗憾……

阿德勒：在您最近出版的书《片段（有点烧焦）》中，您恰好从正面探讨了安乐死的话题。

斯坦纳：我百分之百地支持它。有些人活得很痛苦，还要以牺牲他人的利益为生，这种情况下，我们却坚持让他们活着，真让人愤怒。在迫不得已的情况下治疗老年痴呆，这已经是一种负担，会摧毁整个家庭，并给某些家庭带来铅板一般沉重的压力。这让我异常愤怒。这些人除了痛苦外没有任何别的生活寄托。但安乐死的合法化终将到来。不仅在荷兰，目前在英国和其他国家，安乐死——或者被称为协助死亡——都开始实行了。尽管某些人唯一的希望就是离开这个世界，他们却必须活着，真让人难以置

信。这在我看来无异于可怕的虐待。我觉得基督徒在这个
问题上的态度，就像对待堕胎一样，可怕到不可原谅。我
很愿意这样公开地表态。

阿德勒：您的老年生活会是什么样子？

斯坦纳：我希望自己离开时千万别给别人添麻烦。我
不想给他人制造经济的、社会的和人事上的问题。我希望
我能去……我知道的一个地方。我告诉过亲密的朋友，我
理想的骨灰抛洒地点在哪里。然后还有睡觉这个问题，我
现在越来越清晰地意识到睡觉是一种很大的特权。"让我
在土地的沉睡中入眠"，这句诗非常美，写这句诗的维尼 [1]
是一位现在很少被阅读的诗人。可惜啊！我们不怎么读诗
了！假如问法国最聪明的年轻人："你们读过维尼吗？"
我想不会得到多么积极的回应。

阿德勒：您难道不觉得，也许有一天，您会信一位
神吗？

---

1 阿尔弗雷·德·维尼（1797—1863），法国浪漫派诗人、小说家、剧作家。

斯坦纳：信什么？

阿德勒：信一位神？

斯坦纳：不不，我不觉得。我唯一的希望是，时候
到了，我就能离开。我一生都非常幸运，曾住在最美的城
市，生活在最激动人心的环境里。我有很优秀的学生。包
括我的婚姻以及我婚姻以外的那些事——对我来说相当重
要——也都是幸运的。我的运气好极了。当我们想到长期
患病的痛苦，想到胰腺癌以及所需的治疗时……不，我每
日每夜都感激命运。我希望能优雅而快速地结束人生。在
德语中我们说 "Macht schnell!"（快一点！）。这是一句很
棒的口号。

阿德勒：我们要学着去生活吗？

斯坦纳：不，我们要学习死亡。每天早上，我们都
会从生活中吸取一些无法预料的新的教训。我们一直在犯
错！能够犯错是多么美好的事情——这是人类另一项伟大

的自由——然后对自己说："我搞错了！"这就是人生下
一章即将开始的时刻。永远不要害怕犯错，这是特权，是
自由。

阿德勒：但如何理解我们自身的有限性呢？依靠哲学
吗？还是通过自我认知？

斯坦纳：都不是。应该借助于常识。待在我们深爱
的人身边，告诉自己曾经共度的时光很美好。但现在，够
了，够了！

阿德勒：但死亡那一刻不是我们能决定的。

斯坦纳：不，我坚信可以由我们决定，我认为我们正
在为死亡作准备。我当然不是指车祸造成的那种死亡。我
相信我们都赞成的一点是，死亡会在我们准备好的时刻来
到。老年痴呆的恐怖之处在于自己不再能掌控命运了。

阿德勒：有一种度过晚年的方式，就是继续学习。

斯坦纳：甚至创造一些东西。但如果身边有我们所爱的人陪伴，却记不得他们的名字，这我不能接受。

我对老年痴呆症、对丧失记忆有很深的恐惧感。每天早上，我都会从书架上拿出一本书，无论什么书，把它译成我掌握的语言，做翻译练习。为了让肌肉不麻痹，我会做记忆力练习，背诵法国大革命共和日历……甚至背一些蠢话，所有我能想到的东西，以确保没有出现健忘的症状。我和其他同龄人一样都会忘事，但幸运的是目前这种情况还比较少见，如果遗忘，那基本上也是有意为之的遗忘。尚无大碍。但这种情况能不能持续下去？我不好说。

阿德勒：您说过，如果您的狗受到伤害，您会背叛整个家庭？

斯坦纳：毕竟，活到我这把年纪已经相当走运了。我送走了太多英年早逝的同辈人，以至于无法不认为生活就是谜团，是彩票。有好数字也有坏数字。因此，早上译完四篇文章后，我会试着说谢谢。就这么简单。这时候，我的狗是最重要的。我向它解释我译的文本。我和它，我们两个散步，聊天……说得严肃一点，我真想杀了那些虐待动物的人。我说这话的时候很冷静。我对他们充满了憎恶！我们的文明竟然如此大规模地实施这种恐怖行为。在爱你们和你们爱的动物眼中，有一种我们不具备的对死亡的理解。我的狗会通过眼睛流露出一些它很了解的事情，也许是将要发生在我身上的事情。

当我回到家时，它在门口等我。为什么呢？它怎么知道我要来了？从极端的孔德式实证主义的角度来看，很可能因为它期待的气味出现了。也许吧。你们知道狗有一套气味的词汇，能嗅到一万种我们闻不到的气味。当我收拾我的小旅行箱时，它就钻到桌子底下，带着令人难以置信的责备的眼神看着我。和动物一起生活真是太美好了。与它们产生的心灵感应非常有趣。我知道我们应该爱人类。但有时我觉得爱人类很难。